歴史文化ライブラリー

27

インド史への招待

中村平治

吉川弘文館

はしがき

この書物はインドの古代から現代までを包括した通史である。言いかえれば、インダス文明の展開からインド政府の核政策や海外のインド人の活動までを対象にしている。本来の主題は、インドの現代史をエスニシティー論やアイデンティティー論の観点から見直すところにあった。しかし、その課題は当面脇に置き、各時代とその内容の二領域へ叙述の対象を拡大し、インドの通史を書く方途を選んだ背景には、以下のような諸理由があった。

まずインドの通史を描いた書物が決定的に少ない事情がある。若干は研究者の手によって書かれているけれども、まだまだ少ない。その理由の一半はインド史研究の浅い歴史に由来する。日本の学界でインド史研究が一つの研究分野として自立するのは、第二次世界大戦後のことである。その過程で、着実に研究者が育ってきており、古代史など各時代別に描く作業はなされているものの、時代を通して歴史を概観する作業は意外に少ない。いささか声高に「通史よ、もっと出でよ」と叫んだとしても、それは決して尊大でも誇張でもない。

また一九八〇年代末からのインドの変化は、その進歩と退歩の両側面を含めてまことに著しいものがあり、同時代史を見極めるうえでも、関心対象の拡大を求められる事情があった。端的にいえば、インドにおけるヒンドゥー原理主義の台頭とそれに関わる諸問題である。もともと一九四七年のインド建国の指導者たちにとって、今日みられるようなヒンドゥー神話を政治化する状況などは想像もできないことであった。しかも、この原理主義者たちは、マハートマー・ガンディーこそわれらのグル（師）であると主張してはばからない。ここにはインド史全体におよぶ史実の徹底した歪曲と捏造のみが目立っている。

日本の学生、教師や社会人にとって、インドを含む南アジア世界は依然として遠い存在である。視点をぐらつかせ、方法論を欠落させた政治家論やインド論の登場がそれを証明している。この国ではまた、アジアという地域設定が通常東アジアと東南アジアに限定され、インドを主体とする南アジアは切り捨てられている。研究者の端くれとして、このような状況を座視するわけにもいくまいと考えた。そうだとすれば、インドの同時代史に何らかの関わりをもってきた者が、最小限の責任を果たすことは義務でもあろう。多少は試論的な部分を残すとしても、インドの懐の深い歴史像を、アジア史や世界史の歩みをみすえつつ、描いてみる必要性がある。

以上のような諸点を考慮し、本書ではこの国の高等学校の「世界史」の教科書にみられるインド史の叙述を念頭に置きながら、そこでの内容を一歩でも深く理解できればいいという執筆基準を立てた。そのためには基礎的な史実をまず確認するところから始め、大まかではあれ、その歴史的な流れを把握できる事を目標とした。その作業のためにインドでの教材や入試問題、試験問題にも関心を向けたのみならず、広く概説書にあたることにした。しかしながら、日頃、理解しているようでいて、いざ書く段になると難しい場合が出てきたりして、難渋することもあった。

わたしが現代史研究を意図して、はじめてインドの地を訪れ、インド政府留学生として二年半デリー大学で院生生活をしてから、すでに四〇年近い歳月が流れている。インドが独立して、約一〇年後のことであった。以来、断続的にせよ、足しげくインドを訪れているが、常にインドの変化部分と不変化部分の双方に眼を注いできた。今から二〇年前、わたしはインド現代史の概説を書いたが、今年はインドが独立五〇周年を迎えるのを機に、自分なりに半世紀インドの歩みを祝う気持ちで本書を書いた。先の書物と本書との間には構成上の相違はあるが、主題への接近方法やその基本視角には変化がない。つまり両著述は相補関係にあるというべきである。

このささやかな書物を仕上げる過程で、実に多くの方々の諸研究のお世話になった。現在の勤務先の大学のゼミ学生諸君や、史学専攻の同僚諸氏から多くの刺激を得た。通史を書く必要性については、四年度目となる教育と研究の新しい場が求めるところでもあった。

おわりに吉川弘文館編集部の永滝稔・杉原珠海両氏には、本書執筆の作業とその進行の面でたいへんお世話になった。お二人に改めて感謝の気持ちを述べる次第である。

インド独立半世紀の年に――一九九七年

中村平治

目次

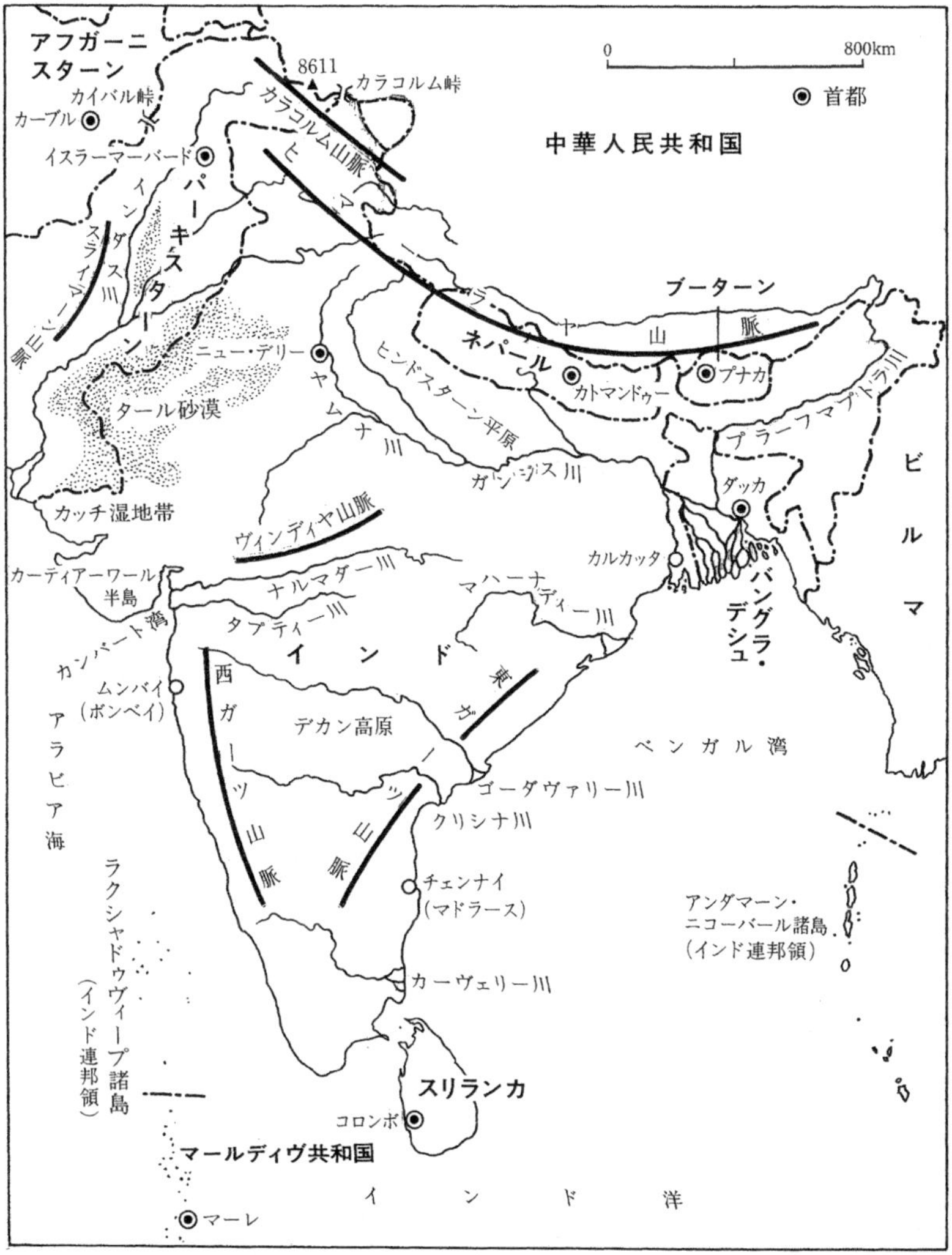

アフガーニスターン
8611
カラコルム峠
0
800km
首都
カイバル峠
カーブル
イスラーマーバード
中華人民共和国
カラコルム山脈
パーキスターン
インダス川
スライマーン山脈
ヒマーラヤ山脈
ブーターン
ネパール
カトマンドゥー
プナカ
ニュー・デリー
タール砂漠
ヤムナ川
ヒンドスターン平原
ガンジス川
ブラーフマプトラ川
ビルマ
ダッカ
カッチ湿地帯
ヴィンディヤ山脈
カルカッタ
カーティアーワール半島
ナルマダー川
マハーナディー川
バングラ・デシュ
タプティー川
カンバート湾
インド
西ガーツ山脈
東ガーツ山脈
ムンバイ（ボンベイ）
デカン高原
アラビア海
ベンガル湾
ゴーダヴァリー川
クリシナ川
チェンナイ（マドラース）
アンダマーン・ニコーバール諸島（インド連邦領）
ラクシャドゥヴィープ諸島（インド連邦領）
カーヴェリー川
スリランカ
コロンボ
マールディヴ共和国
インド洋
マーレ

インド地勢図

インド行政地図（1997年）

古代インド

文明の曙と古代社会の成立

インダス文明の誕生

南アジア世界の自然と人びと

北に中国を抱えているヒマーラヤ山脈を基線にして、逆三角形状をなす南アジアはインド亜大陸とよばれている。梵語《ぼんご》の名称で知られた古代インドのサンスクリット語で、ヒマーラヤとは「雪の家」を意味する。この地域には今日では七ヵ国、つまりインド、パーキスターン、バングラ・デシュ、スリランカ（セイロン）、ネパール、ブーターンとマールディヴがある。興味あることに南アジアの中心部のインドは国全体が東西南北にそれぞれKのつく地名で結ばれている。すなわち南北は北のカシミールからインド洋に突き出した南のカンヤー・クマーリー岬まで、東西は西のグジャラートのカッチ地方から東のカーマ・ルーパ（アッサーム）に及ぶ。

このインド亜大陸はインダス・ガンジス両大河の流れこむインド洋に面し、熱帯または亜熱帯のモーンスーン（季節風）地帯に属している。この地域は一年が乾季（一〇～六月）と雨季（七～九月）とに大別される気候上の特徴をもっている。乾季のうち、四月から六月にかけてはインドは酷暑のシーズンにあたり、デリーをふくむ北インドでは日中、摂氏四〇度を超える。また一〇月から翌年の三月までは冬から春にあたる季節であり、旅行や観光に最適な時期でもある。雨季には曇天が続き、ひとしきり雨が強く、バングラ・デシュをはじめとしてベンガル湾の沿岸部一帯は英語でサイクローンとよばれる猛烈な台風に襲われる。

ここを舞台にして、諸民族により形成された多言語・多宗教的な特徴をもつ歴史的な世界、それが南アジア世界である。このインドは地形的にはヴィンディヤ山脈、またはゴーダヴァリー川やナルマダー川を境にして南北インドに区分されている。その上でそれぞれ歴史が展開され、対立や融合を重ねてきた。デカン高原のデカンとはダクシナの変形であり、「右」方向と同時に「南」を意味するサンスクリット語に由来する。もっとも現代では言語文化的な観点から、ヒンディー語集団を先頭とするインド・ヨーロッパ語系の北インド地域と、ドラヴィダ四言語（タミル、マラヤーラム、テルグーとカンナダの諸語）が話される南インド地域とに区分されている。もちろん後者のドラヴィダ諸言語はサンスクリット語から無数の借用語を移入している事実を忘れてはならない。

面積的にみても、南アジア世界をそのままヨーロッパに移せば、ヨーロッパからはみ出してしまうほどこの世界は大きい。そこでは諸民族や諸宗教が、その多言語・多文化性に規定されて、時には対立を重ねつつも、全体としては他から区別される一つの世界を築いてきた。

インダス文明の誕生と繁栄

南アジア世界の歴史の起点をなすのは、紀元前二三〇〇年頃からインド亜大陸の北西部地方、つまり現パーキスターンのインダス川流域に栄えたインダス文明である。それは北部のパンジャーブ地方の遺跡ハラッパーにちなんでハラッパー文明ともよばれている。

この文明の代表的な二大都市は、ハラッパーとインダス川下流域のモエンジョ－ダロである。その二遺跡のほかに、たとえばインドのグジャラート州にあるロータルがよく知られている。近年、インドやパーキスターンの考古学者の手で発掘が急速に進み、同文明は当初考えられていた以上に規模が大きく、インダス川を中心として印パ両国にまたがる広域文明であることが明らかになった。この文明の担い手は西アジア地方（メソポタミア）

から移住してきたドラヴィダ人であるとみられており、その農耕文化もかなり発展していた。かれらは文字を書く文化を有していた。しかし多くの研究者の努力にもかかわらず、数多く発見された印章に刻まれたインダス文字は、いまだに解読されないままである。

またロータルの遺跡では船着場である港の造りが印象的であって、同文明が隣接する地域との海上交流を密にしていた事実を示している。今は内陸部にあるとはいえ、当時ロータルはアラビア海につらなるカンバート（キャンベイ）湾に接していたことになる。

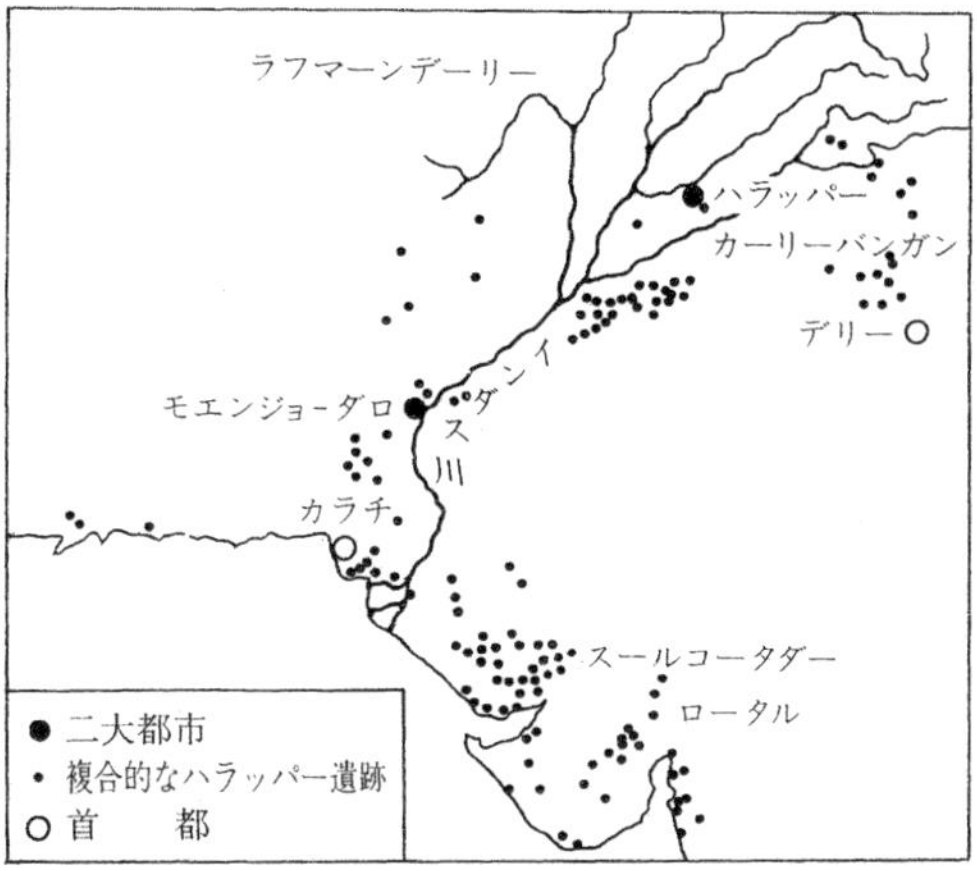

図１　インダス文明の遺跡とその分布

（辛島昇『南アジア』地域からの世界史・5，朝日新聞社，1992年，21ページより作成）

整然とした都市計画

この都市は、碁盤《ごばん》目《め》状の整備された道路をもつ市街地がその文化の大きな特色として指摘されている。モエンジョ－ダロで重要な公共の建造物は大浴場であった。その床は焼煉瓦《やきれんが》でできていたが、これは宗教的な沐浴《もくよく》のために使用されていたとみられる。この焼煉瓦の使用は周辺に燃料用の森林の存在を想像させるものである。そのほかに労働者の居住区、作業場や下水道もあり、家屋内には浴室も設けられていた。さらに注目されるのは穀物倉庫の存在であり、当時の最大の建築物であった。それはこの文明に強大な中央権力機構のありかを示唆し、それが持てる者と持たざる者からなる階級社会をなしていたとする説の根拠となっている。その文明の高さに関しては、「こうした類の施設をもつ都市はインドには近代にいたるまでなく、大多数は依然としてこうした快適な設備を欠いている」といった指摘もある。

人びとの生活

この文明を築き、発展させた人びとの総人口は、およそ四万人を超えると推定され、その主たる職業は農業で、小麦や大麦が主食であった。また鋤《すき》と水牛によって耕作がなされていた。また肉類や魚類も食用とされていた。家畜としては牛、水牛、羊や豚が使用されていた。馬の使用はほとんどなく、この文明の人びとは馬をまったく知らなかったと思われる。人びとは綿布のほかに羊毛も使用していた。ちなみにグジャラート地方は綿花の原産地であった。まだ鉄の使用はなされていなかったが、青銅は生活用具の一部に用いられていた。また高度の彫刻や装飾品が製作されていて、その職人たちの技能の高さを反映していた。

都市は交易の中心であった。この文明圏の各地の間で車や船によって物資の移動がなされていた。交易は通貨ではなく、現物交換のかたちが盛んであった。

シュメールとの交易

この文明の人びととくにメソポタミアのシュメール文化の人びととの間では、陸路と海路の二ルートを通じて交易が盛んにおこなわれた。インドからは銅のほかに孔雀《くじゃく》、象牙《ぞうげ》、櫛《くし》、猿、真珠や綿織物が輸出され、これらと交換で銀やその他の商品が輸入されている。海路ではインダス川の河口から船によって西アジアのメソポタミアを中心とするペルシア湾岸地域の諸都市と交易をおこなった。この地域にはインダス文明にみられるさまざまな模様の印章が広く発見されている。

インドの歴史家D・D・コーサンビー（一九〇七～六六）は『インド古代史』で次のような記述を紹介している。インドから西アジアに海路を通じて向かう場合、オマーン湾からペルシア湾へかけての危険を極める航海中、沿岸にそう離れていない所でインド人の船乗りたちは「コンパス（羅針儀）の鳥」を使用した。その鳥は放たれるやいなや陸地の最も近い地点に向かい飛んでゆく。船はその鳥の飛翔をあてにして、安全で能率的な航海を進めることができる。これは当時の人びとの航海術の高さを物語る。この話の出典は後述の仏教説話『ジャータカ物語』である。

文明の衰退

インダス文明は、かの二大都市の崩壊をふくめ前一八〇〇年頃から衰退し始めた。その原因の主な点は、人びとの生活の基盤をなした農業が自然による打撃を受けたからである。つまりこの文明は灌漑水路をもたなかったので、洪水その他によって河川の水路が変えられてしまい、それに接していたり、また港でもあった都市が滅び、これらの住民への食料の持続的な供給の道が断たれたからである。その原因については、森林の伐採をふくむ環境破壊によるインダス川の洪水説などの内因説が有力となった。かつて主張されてきたアーリヤ人の侵入による文明の破壊説、つまり外因説は近年では疑問視されている。たまたま文明の衰退期に他民族の侵入が重なったものと思われる。

アーリヤ人社会とバラモン教

アーリヤ人の到来

世界史は一面で人の移動と移住の歴史である。インドもその例外ではなかった。すでに述べたようにインダス文明の建設者のドラヴィダ人は移住者であったが、アーリヤ人もまた外部からのインド亜大陸への移住民であった。

インド・ヨーロッパ語族系のアーリヤ人はもともとは東ヨーロッパのカスピ海沿岸に居住していたとみられるが、前二〇〇〇年頃から中央アジアを通って波状的にインドへ到来し始めた。かれらは内陸部では当然遊牧民であったが、ヒンドゥー・クシ山脈を越え、北インドのインダス川とガンジス（ガンガー）川の上流域、つまり今日の肥沃なパンジャーブ地方に進出し、新しい生活を始めた。かれらは、ガンジス川流域の強烈な太陽の光と緑なす樹海の世界に驚きの眼を向けたに相異ない。

このアーリヤ人がインドへの移住に成功した理由として、かれらが馬や二輪戦車や青銅製の武器を常用していたことがあげられる。かれらは一方で先住民と戦いつつ、しだいに領土を広げていったが、他方では移住してきた自分たち同士の部族間でも激しく戦った。

前期ヴェーダ時代

当時のアーリヤ人の社会は、インド最古の古典であってサンスクリット語で口承の『リグ・ヴェーダ』（賛歌＝リグ、知識＝ヴェーダ）で知ることができる。前一五〇〇年から、この古典の成立する前一〇〇〇年までの五〇〇年間は広く前期ヴェーダ時代とよばれている。

当時、移住民は牧畜をおこない、農業に着手して、家畜用の牛がその財産の基本をなしていた。生産物としては大麦があげられ、金属類として青銅や銅が用いられた。その社会の構成単位は家父長的な大家族であった。古典『リグ・ヴェーダ』では内容面で人びとの神への賛歌が主であって、もっとも重要な神はインドラ（雷）神で、アグニ（火）神、太陽神を示すスールヤ、サーヴィトリー、アーディティヤやウシャー（曙）神などが並ぶ。これらはいずれも自然神であるが、神への崇拝は自然に対する崇拝であると理解されている。インドラ神はアーリヤ人がみずからを理想化した強力な征服者、勇敢なる戦士を示し、アグニ神は神と人との間の使者であるとみられていた。またアグニ神の場合、住民の間で頻発した森林火事が背景にあり、火に対する人びとの畏怖心を表わしたものだともいう。

後期ヴェーダ時代

『リグ・ヴェーダ』につづき、前一〇〇〇年頃に三ヴェーダ、つまり詠唱を目的の『サーマ・ヴェーダ』、祭礼を対象の『ヤジュル・ヴェーダ』、呪法を中心の『アタルヴァ・ヴェーダ』が成立した。後にこれらヴェーダの解説集がブラーフマナ文献として生まれ、さらに下ってはアーラニヤカやウパニシャッドが編まれて、バラモン教のイデオロギー的な土台を成すにいたった。

この後期ヴェーダ時代（前一〇〇〇〜前八〇〇年）にガンジス川流域に進出、定住したアーリヤ人は、豊富で良質な鉄の利用とともに、森林を開拓して定住農業を営むようになり、人びとは以前の前期ヴェーダ時代の大麦、小麦に加えて稲を主要な作物として栽培するようになった。こうした生活様式の変容は、当然社会組織や政治組織の変化をもたらすことになった。この頃になると、以前のような部族集会は重要性を失い、王権が確立され部族国家が形成された。政治権力は部族を基盤としたものから、領土を基礎としたものへと移行し、部族出の王侯は領土の拡張をめざして常に戦争を仕掛けることになった。後に大叙事詩『マハーバーラタ』の主題となったマハーバーラタ戦争は前九五〇年頃に戦われたものである。こうした戦争でバーラタ族が他を抜いて強力な地位を築くことに成功した。このバーラタにちなんで、独立インドはヒンディー語の国名でバーラットと広くよばれている。

バラモン教とヴァルナ社会

この時代に『ヴェーダ』を基礎とするバラモン教が成立した。バラモン教は宗教的にはヴェーダ諸神を対象とする信仰上の規範であり、同時に社会的には最高ヴァルナとしてのバラモンの地位と権限を絶対化して、男性優位社会を正統化する規範である。バラモン教のもとでの社会構成は、ヴァルナ（皮膚の色、身分による四集団）制度に依拠していた。この制度は種姓制度または四姓制度と訳されている。つまり、当時の社会はバラモン（祭司者）を頂点にして、クシャトリヤ（王侯、軍人）、ヴァイシャ（農民、後に商人が主体）とシュードラ（隷属民）の四つに区分されていた。この制度を唯一の基準にしてバラモンは最高の身分に置かれ、人びとの身分関係を上下に固定化し、維持をはかった。しかも移住民から成る上位三身分は来世でも生まれ変わることができる、再生ヴァルナとして特権化された。逆にアーリヤ人による被征服民から成るシュードラは、一生ヴァルナとして上位三身分への奉仕と従属を強制された。こうした身分集団には排他的な社会関係が垂直的に貫徹しており、職業は世襲化されたうえ、婚姻関係も同一の集団内で取り結ばれることになった。

ジャーティの位置

この制度は後世のジャーティ（身分）制度の土台となった。紀元一〇～一二世紀頃には四ヴァルナは基本型を維持しつつも、それぞれ細分化し、数千といわれる小ヴァルナ、つまりジャーティとよばれる身分集団に転化した。たとえばバラモン内部で上下身分にわたる複数のバラモンが誕生し、存在することになった。旧ヴァルナを土台とするジャーティ制度は、その後のインド社会に深い痕跡を残してきた。いずれにせよ、今日のインドでカーストといえば一般にジャーティの意味で使用されている。

もともとカーストという用語は、一五世紀にインドに渡来したポルトガル人のポルトガル語カスタ（肌の色）に由来した。注意すべきは、ポルトガル人によって使用されたカーストなる表現がヴァルナとジャーティの区分を完全に無視していたことである。その結果、カースト制度が古代からインドに連綿として存在してきたかのような誤解を世界中に広げ、停滞的なインド像を世界に定着させることになった。第二次世界大戦後になって、やっとこの初歩的な誤りを正す学問的な機会が与えられた。

仏教、ジャイナ教の誕生と役割

古代インドの社会革命

革命とはいうまでもなく仏教とジャイナ教の発展とその役割をさしている。確かに両者は政治革命には到らなかったけれど、強力な社会革命として古代社会を大きく揺るがした。仏教の開祖はゴータマ・シッダールタ（前五六六〜前四八六）であって、かれは悟りを開いた後、ブッダ（仏陀）となった。一方、ジャイナ教はヴァルダマーナ・マハーヴィーラ（前五四九〜前四七七）によって開かれた。共通点として二人とも出身はバラモンではなくクシャトリヤであって、出生地や教化の対象地もともに北インドであり、ヴェーダ文献に依拠するバラモン至上主義に挑戦した。

供犠と社会的危機

まず両宗教が生まれてくる社会的な背景について述べておきたい。北インド、とりわけ東北部インドでは、定住農業を促進するアーリヤ人の間で家畜利用の農業経済の導入があった。ガンジス川が蛇行して流れる、ウッタル・プラデーシャやビハールの両地方には雨季には適量の降雨があり、アーリヤ人の入植以前には一大森林地帯であった。当然、入植の際には斧《おの》のような鉄器の助けにより伐採が進められた。

この地域に多数の人びとが住むようになるのは、鉄器使用が始まる前六〇〇年頃からである。その結果森林の伐採、農耕や入植が可能となった。しかも鉄製の鋤《すき》に依存する農業の発展のためには家畜の耕牛を飼育し、それを活用する必要がある。ところが『ヴェーダ』文献の本領とする供犠《くぎ》儀式によって、牝牛、牡牛が殺されたため、牛の数が確実に減少していった。供犠の際に牛を殺す慣行は、農業の発達を阻害するものとなった。しかも死体処理はシュードラの仕事であった。この場合の供犠とは、領土拡大のための戦争の勝利と農業生産における豊作の二大目的のために、祭司としてのバラモンが牛を犠牲にしてきたことをさす。こうしたバラモンの供犠行為は重大な社会危機を生み出し、バラモンを頂点とする身分制社会の矛盾を露呈させることになった。

図2　土地柄を刻んだ仏像

A＝ガンダーラ型，B＝カンボジヤ型，C＝タイ型（F. Watson, *India : a concise history*, London : Thames & Hudson, 1993, p. 58），D＝仏陀の最初の説教像（5世紀，サールナート． Grace Morley, *Indian Sculpture*, Banaras : Luster Press. 1985, p. 69）

さらにこの地方ではこの時代多数の都市が興った。都市には職人や商人が多数住み、かれらにより貨幣も使用され始めた。インド最古の貨幣は前五世紀の打刻印貨幣（銀貨）であり、まずこの地方で流通した。こうした貨幣の使用が交易活動を活発化し、当然のことながらヴァイシャの重要性が高まった。バラモンを頂点とする社会では、ヴァイシャは第三身分とされていたから、その社会的な地位の向上を新たな宗教に求めたとしても何ら不思議ではない。かくてヴァイシャはブッダやマハーヴィーラにたいして惜しみない支持を与え、その宗教集団に巨額の寄進をおこなった。

仏教の教え

ゴータマ・シッダールタは北インドのヒマーラヤ山麓に住むクシャトリヤの家系に生まれた。ゴータマとは最も良き牛、シッダールタは大願を成就せし者の意である。三五歳の時ブッダガヤーの菩提樹の下で「悟り」を開き、以後かれはブッダ（仏陀）、つまり悟りし者と呼ばれ、今日風には哲学的な覚醒者といえる存在となった。その後、カーシーともよばれるバナーラスの近郊サールナート（鹿野苑《ろくやおん》）で初の説法を試みた。かれはきわめて強靭な人で、一日に二〇キロから三〇キロは踏破したという。八〇歳で北インドのクシナガラで他界した。

ブッダはまたバラモンの標準語であるサンスクリット語ではなく、民衆語（プラークリット語）の一つであるパーリ語で布教したため、人びとは容易にかれの教えを理解できた。民衆語の利用は次に述べるジャイナ教の場合でも確認される両者に共通した特徴である。ブッダはその布教過程でサンガ（教団）を組織したが、その門戸はヴァルナや性別を超えてすべての人間に開かれていた。比丘尼《びくに》、つまり女性の信者を含め、出家者にはサンガの禁欲とか耐乏といったダルマ（法道）の遵守が求められた。サンガを基盤とした仏教は急速な広がりをみせた。

ブッダは信者の守るべき社会行動の具体的な規範として、(1)不窃盗、(2)不殺生《ふせっしょう》、(3)不飲酒、(4)不妄語と(5)不邪淫《ふじゃいん》を提起した。こうした禁欲主義の教義は、以下の八正道《はっしょうどう》の教えにもみられるが、バラモンの欲望実現のための実利的な世界とは相容れなかった。とりわけ不殺生は上述のバラモンの供犠の思想と実践と正面から対立したし、当然、社会的な危機の打開という同時代の要請に対応するものであった。

ブッダによれば、この世は苦悩に満ちており、その原因は人間の欲望にある。かりに欲望が克服されるならば、ニルヴァーナ（涅槃《ねはん》、解脱《げだつ》による救済）に達する。すなわち人は輪廻《りんね》（サンサーラ、生と死の繰り返し）から解放される。この認識は諸行無常、つまりあらゆる存在は変転するという事物の弁証法的な発展といった思考方法への道を開いた。ブッダはさらに苦悩の克服手段として八正道を説いた。その学習内容は、⑴正しい見解（正《しょう》見《けん》）、⑵正しい思索（正《しょう》思惟《しい》）、⑶正しい言葉（正《しょう》語《ご》）、⑷正しい行為（正《しょう》業《ごう》）、⑸正しい生活（正《しょう》命《みょう》）、⑹正しい努力（正《しょう》精進《しょうじん》）、⑺正しい思念（正《しょう》念《ねん》）と⑻正しい瞑想（正《しょう》定《じょう》）である。しかも⑺は⑵と比べれば思索のいっそうの深まりを意味した。人がこれらを真摯に実践するならば、その目的は達成されると主張した。

図３　ナーランダー僧院の遺跡

(F. Watson, *India : a concise history*, London : Thames & Hudson, 1993. p. 62)

その後の仏教

ブッダの没後、二〇〇年してマウリヤ朝のアショーカ王も仏教に帰依《きえ》した。周知のように、仏教はブッダの在世期から死後一〇〇年頃までの原始仏教とそれ以後の部派仏教とに区分されている。実は前一世紀頃、仏教は大乗仏教（マハーヤーナ、大きな乗物）と小乗仏教（ヒーナヤーナ、小さな乗物）の二派に分かれた。前者は万人に仏門は開かれているとの立場から、東アジア世界に勢力を確立した。また後者の場合、出家者を中心に個人の悟りを重視したグループであって東南アジアに根を下ろした。なお小乗とは前者による軽蔑的な呼称である。また五世紀から一二世紀にかけて、ビハール州にあったナーランダー僧院は、インドのみならず中国など近隣諸国からの仏教研究の場であった。

ジャイナ教の場合

ジャイナ教の開祖ヴァルダマーナ・マハーヴィーラは、ビハール地方のクシャトリヤの家系に生まれた。その誕生地はブッダと同じ北インドであった。三〇歳で出家した後、十数年間の苦行を重ねて、悟りを得てジナ（自己と欲望の征服者）となった。そして、七二歳で苦行の生涯を終えたという。ヴァルダマーナの意味は「栄える者」である。また人びとはかれをマハーヴィーラ（偉大な勇者）という尊称でよんでいた。その説教は民衆語のプラークリット語でなされた。

ジャイナ教の教義は仏教のそれと重なる部分が多い。そのジナは生きることを「苦」と考え、それから脱する道を求めた。そこにはあらゆる生物に内在する「生への賛歌」があった。そしてバラモンのヴェーダ的で、高圧的な形式主義からの脱却を説いていた。そのためには自己を徹底した苦行の道に投じ、霊魂の浄化を求めた。この浄化された霊魂はサンサーラ、つまり輪廻転生《てんしょう》に落ち込むことはない。さらにジナはジャイナ教に入信した者には、⑴不殺生、⑵真実語、⑶不盗、⑷不淫と⑸無所有という五大戒律の厳守を求めた。

ヴァルダマーナの没後、一世紀頃、ジャイナ教は裸行《らぎょう》派（シヴェーターンバラ派）と白《びゃく》衣《え》派（ディガンバラ派）とに二分した。前者は厳格派で厳しい戒律を自らに課して南インドにみられるのに対して、後者は寛容派とよばれて多くの支持層を西部・北部インドを中心に築いている。後述のように仏教は一二世紀まではインドで完全に消滅するが、禁欲的なジャイナ教集団は信者層を庶民（ヴァイシャ）の間に築くことができ、しかも医療や福祉などの社会活動を通じて民衆生活と密着していた。こうしてジャイナ教はインド国外には広がらなかったにせよ、イスラーム時代、英領植民地時代から今日まで国内で生存、発展することができた。

マウリヤ朝からグプタ朝へ

マウリヤ朝の形成

北インドでマガダ国が成立した頃、西北部ではタクシラ（タクシャシラー）を首都とするガンダーラ国が栄えた。前四世紀頃マガダ国はナンダ朝の王統下にあったが、その王朝は非バラモン出の王のもとにあった。一方ガンダーラは現在のパーキスターンのペーシャーワルの近郊にあたり、西アジアとの交易ルート上の拠点であり、科学や哲学などの学術の中心地でもあった。前三二六年にはマケドニアのアレクサンドロス王が大軍を率いて北西部インドに侵入し、ガンダーラを降伏させた後、ナンダ朝を脅かした。

戦域の広がりすぎたアレクサンドロス軍がインドから撤退する政治的空白を利用して、

前三一七年頃マガダ国の辺境で挙兵したチャンドラグプタはナンダ朝を倒し、マウリヤ朝王統下のマガダ国を発展させた。この背後には若き日にナンダ朝の王から侮辱を受けた、バラモン出の怨念の政治思想家カウティィリヤ（チャーナキヤ）による、チャンドラグプタ王の支援というエピソードがあった。

首都をパータリプトラ（ビハールのパトナー）とする、マウリヤ朝（前三二一～前一八五年）の名声を高めた人物はアショーカ王その人であった。前二六八年に即位したアショーカ王（阿育王）はマウリヤ朝第三代の王であって、その祖父は開祖チャンドラグプタである。このマウリヤ朝の統治に関しては、ギリシャのセレウコス朝の使者メガステネースの記録『インド誌』や、先のチャンドラグプタ王の宰相にもなったカウティィリヤの著作『実利論』（アルタシャーストラ）などから知ることができる。

統治上の特徴　インド最初の帝国ともよばれているマウリヤ朝の機構上の特徴は、行政制度が中央集権的なところにあった。それは属州制度を採用して南インドの一部を残す広大な領土を支配した。すなわちガンジス川流域の直轄領に加えて、タクシラ、ウッジャインやスヴァルナギリなどほぼインド全域に及ぶ四州が設置され、これらにはマウリヤ朝の王子が太守として派遣された。アショーカ王伝説によれば、かれは若き

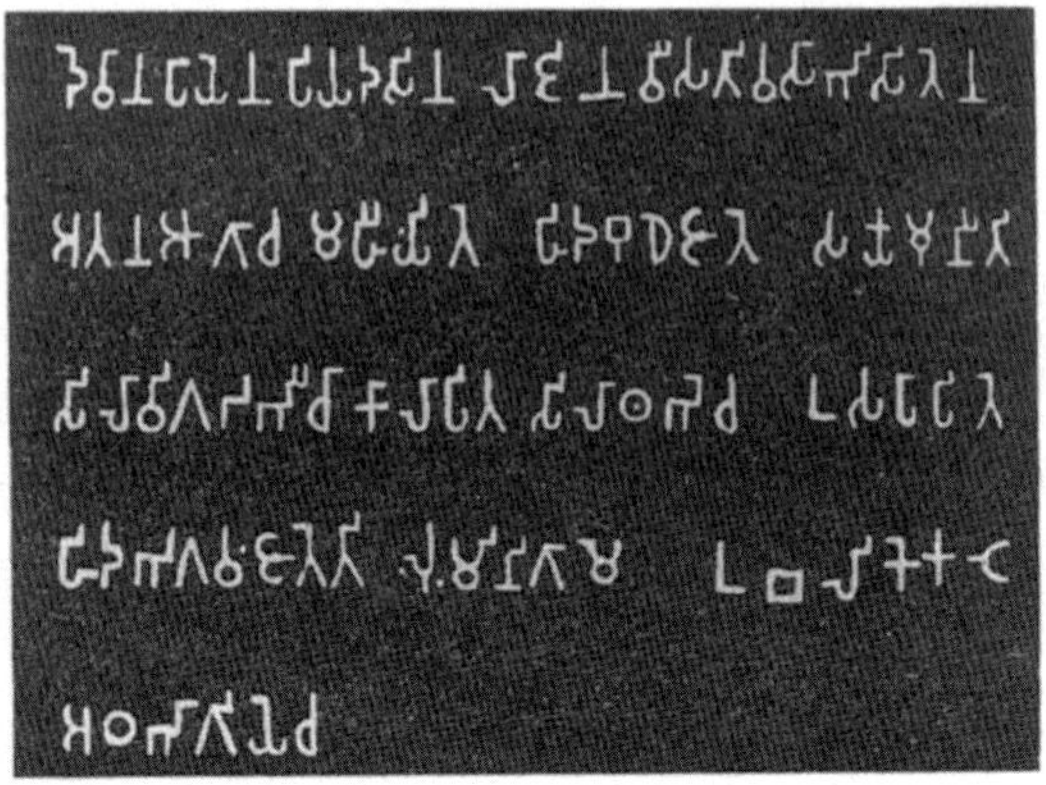

図4　アショーカ王の碑文

インド最古のブラーフミー文字を使用．（D・D・コーサンビー『インド古代史』山崎利男訳，岩波書店，1966年，243ページ）

日にタクシラとウッジャインの太守になって赴任している。

また中央政府では膨大な官僚群によって顧問官、宮廷祭官、軍司令官や大臣が支えられており、軍事組織も歩兵、騎兵や象軍などを保持していた。その事業としては、道路や休息所の建設、薬用樹の栽培や治療所の設置がなされ、福祉活動が進められた。このほか、帝国の維持費を捻出するために官営事業、たとえば入植、直営地の経営や鉱業などが積極的に促進された。また徴税制度も整備され、国庫の責任者と徴税人とが制度化されていた。それは商人からの徴税というよりは地租収入を主体としていた。

仏教の位置

アショーカ王は仏教の熱心な信者であった。即位後八年のカリンガ遠征の結果、戦争のもたらす無残さと破壊に対してうんざりしていた際に入信の機が訪れたという。かれは「ダルマ（仏法）の勝利こそ最大の勝利」と確信して、仏教を手厚く保護し、布施を盛んにおこない、前二五八年には新政策の宣言をおこない仏跡を訪ね、二年後にはダルマ政治の内容を詔勅として発布した。そこでは不殺生《ふせっしょう》と正しい人間関係の尊重が説かれ、前者では人間と動物が対象とされた。詔勅は摩崖《まがい》と石柱の二種類に分けて彫刻され、それらはインドはもちろん、ガンダーラやアフガーニスターンのカンダハールに及んだ。またこのプラークリット語の詔勅はインドで最初の文字であるブラーフミー文字で書かれている。さらに同王の支援のもとで、教団の長はスリランカやビルマなど周辺諸国に仏教の布教者を送った。

アショーカ王の死後、マウリヤ朝は衰退、滅亡した。その原因としては無能な世襲王の存在、厖大な官僚制度、軍隊組織を支えるための財政の破綻や、一連の属州の太守による王への不信と王朝からの離反などが指摘されている。

小国の分立

前二〇〇年から西暦三〇〇年までのインドは小国が分立した時代である。とりわけ注目されるのは、ギリシャ系やイラン系の小国が興亡を繰り返したことである。まずアフガーニスターン北部にはギリシャ人のバクトリア国がつくられ、それはヘレニズム文化をこの地域にもたらしたうえ、ガンダーラ美術の土台を築いた。

またイラン系とみられるクシャーナ族は、アフガーニスターン北部の大月氏の支配下にあったが、他部族を制して、一世紀には北西部インドに入り、ギリシャ人やパルティア人に代わってその地を支配した。その後、クシャーナ族内部で王統が代わり、二世紀前半にはカニシカ王の下で、西北インドに勢力を築いた。ほどなくガンジス川流域にまで版図を拡大したクシャーナ朝では、仏教が厚く保護され、その地には大乗仏教も興っている。

グプタ朝の統治　カニシカ王の没後、クシャーナ朝は急速に衰退した。四世紀初頭、マガダ地方の有力な領主グプタ家のチャンドラグプタが即位し、ここにグプタ朝（三二〇〜五五〇年）が開幕した。その支配地域はベンガル北部、ビハール、ウッタル・プラデーシャやマッディヤ・プラデーシであって、州、県、郡や村落といった地方制度が完備された。州には州長官が王により任命されていた。

グプタ朝が創出した制度のなかで、とくに国家によるバラモンと官僚への土地の施与によって地方分権的な傾向は強められた。後述のヒンドゥー教の定着とともに、王権によるバラモンへの村落施与が一般化した。その結果、村落を与えられたバラモン集団は、免税の特権とともに特定村落の徴税権を含む支配権を入手した。その後、これらのバラモンは在地領主として王権から独立、成長する方向を明らかにした。官吏に対する給与はグプタ朝の初期には通貨でなされたが、しだいに土地施与の割合が増加していった。こうした社会構造上の特徴から、グプタ朝期にインドにおける封建制の萌芽形態を読み取る人びともいる。

確かにグプタ朝は第二代のサムドラグプタ、第三代のチャンドラグプタ二世の時期に最盛期を迎えるが、五世紀以降、王朝内の諸領主の台頭や西からのエフタル人の攻撃によって急速な衰退を開始した。そして六世紀半ばに消滅した。上述したように、租税収入の低下や強力な軍隊の維持の困難さが同王朝の瓦解への引き金となった。

ハルシャ王の登場

グプタ朝が滅んだ後、北インドでは政治的な混乱が続くが、七世紀初頭、カナウジ地方出の領主ハルシャ・ヴァルダーナが即位した。ハルシャ王（戒日王）は軍事行動の結果、約四〇年間、北インドに統一国家ヴァルダーナ朝を実現させた。その封建的な政治形態はグプタ朝の場合と同様であって、諸領主は貢納と兵役を国王に常時提供する代わりに、領主は自分の領地の支配権を承認されていた。この時、首都はカナウジにあった。しかしハルシャ王の没後に、この王朝もその内部抗争によって滅亡した。

ヒンドゥー教の形成

仏教の衰退と消滅

ヒンドゥー教（ヒンドゥー・ダルマ）の形成を論じるためには、その前提となる仏教の衰退を述べるべきであろう。その「入れ替わり」は、古代インド社会の最も重要で興味ある問題の一つだからである。一二世紀までに仏教はインドの地から完全に姿を消していた。

最初に確認されるべきは、仏教は人びとの思想や信条に多大の影響を及ぼしたが、アーリヤ的な身分上のヒエラルキー自体を破壊するまでには至らなかったことである。それは一種の社会革命をもたらしはしたものの、政治革命にまでは発展しなかった。

しかも仏教教団の内部では矛盾が山積していた。まず仏教教団の比丘《びく》とよばれる出家した僧侶の退廃現象である。教団は人びとから巨大な寄進を受け取る過程で、いつしか安楽な生活を当然のこととするようになった。比丘は激しいバラモン批判はしたものの、バラモンと同様に労働や生産に関与しなかった。かくて比丘は仏法の研鑽《けんさん》と修行を二の次として、蓄財に精を出した。また女性に仏門を開いたのは画期的であったが、僧院がほどなくして比丘と比丘尼《びくに》との遊びの場に化した。また、ジャイナ教に比べて仏教教団が地域社会との結合の面で弱かった点が指摘されている。つまりジャイナ教団が、医療などをふくむ社会活動を通じて地域社会との関係を密にしていたのに対して、仏教教団はその面での結びつきが弱かった。したがって、仏教は地域社会の人びとの生活から遊離していたばかりでなく、教団は地域社会から課題を摘出して、それに応えるという役割を放棄していた。これに関連してブッダの没後、仏教教団は論争のための論争に熱中するといった、本来の仏法の本務から完全に逸《そ》れた集団に転化した。しかも比丘たちの間には布教語であるパーリ語の学習を省みず、バラモンの言語であるサンスクリット語を習得して得意になるといった状況すら生まれていた。こうしてブッダの初心は完全に忘れ去られていた。

このほか、仏教衰退の外的な原因として、大商人や王侯の寄進や支持を得られなくなり、僧院が経済的な基盤を失ったこと、また日常的な生活面でのバラモンの役割、とくに儀礼、儀式の点での強固な巻き返しなどが指摘される。マウリヤ朝期にみられた国王による仏教保護はグプタ朝期にはもはや期待できないものであった。

ヒンドゥー教の形成

ヒンドゥー教は、長い時間をかけてヴェーダ宗教を基軸とするバラモン教と先住民の信仰との融合過程を経て、グプタ朝期に成立した。人によってはこれを新バラモン教（ネオ・ブラーフマニズム）とよぶ。そこではバラモン教の自然神に加えて、非アーリヤ的な動物や人間の神々を対象とする人格神が正面に登場する。またヒンドゥー教にはキリスト教の聖書やイスラームの『コーラン』にあたる唯一の聖典類はなく、多くの宗教文献が編集されている。これから明白なように、ヒンドゥー教は信仰上の規範、社会的な規範や個としての人間の規範といった三側面をもっている。しかも後の二側面を重視する観点からすれば、ヒンドゥー教の形成は、仏教が誇りとした最も良質の部分へのバラモン教の社会的な反撃、いや一種の反革命的な所産だと理解されるものであった。

信仰上の規範

ヒンドゥー教で信仰上の特徴的なことは、それが多神教である点にある。そこにはブラフマー（宇宙の創造神）、ヴィシヌ（その保護神）やシヴァ（その破壊と創造の神）という三者の最高神の存在が認められている。総じてブラフマー神

図5　ヴィシヌ神（左）とシヴァ神（右）

（F. Watson, *India : a concise history*, London : Thames & Hudson, 1993, p. 33）

には端整さは感じられても、その存在感は無に等しい。それと対照的に、ヴィシヌ神は一見紳士風だが、実直な面を残すのに対して、第三のシヴァ神には躍動する実在感がある。

ヴィシヌ神はかの『リグ・ヴェーダ』で太陽神として登場し、後述の叙事詩『マハーバーラタ』や『ラーマーヤナ』では慈悲深い神、宇宙を創造する神として尊敬されている。その妃神は幸運、繁栄と美のラクシミー女神であった。ヴィシヌ神は、土地の主要神（たとえばデカン西部のヴィトーバー神）

などとも同一視される一方で、さまざまな化身（アヴァターラ）となり、深く人びとの信仰の対象にされた。またダシャラーの祭り（ヒンドゥーの秋祭）における鬼神ラーヴァナは『ラーマーヤナ』に初出の神であるが、もともとはヴィシヌ神の「不肖の孫」とされている。一方、クリシナ神はラーマ神と同様にヴィシヌ神の英雄的な化身であった。極端な例としてはブッダもまたヴィシヌ神の権化にすぎなかった。

他方、シヴァ神は宇宙の創造、維持、破壊の諸行動を実践するトリックスター的な存在である。いたずら者の要素を多分にもつこの神は、創造の象徴とみなされる男性性器（リンガ）の崇拝をおこない、宇宙を焼き尽くすような恐ろしい破壊もする。また、シヴァ神は破壊された宇宙の再創造もする。さらに、この神は在地社会の崇拝の的である多くの神々を自己の一族に加えるという、まことに幸福な役回りをもつ。具体的には、東部インドのベンガル地方のドゥルガー、カーリーの両女神はシヴァ神の代行として悪魔の退治をおこなってきたとされるし、また北インドのヒマーラヤ地方の山の女神パールヴァティーはシヴァ神の妃神とされてきたが、もともと彼女は豊饒の神であった。さらに西部インドのマハーラーシトラ地方における象頭のガナパティー（ガネーシ）神は、富裕と知恵と幸運の神としてよく知られているが、実はかれはシヴァ神と先のパールヴァティー女神の息子として最高神一族の一員でもある。

社会的な規範

同時に人びとの日常的な世界の規律や規制、つまり社会的な規範としてのヒンドゥー教は、たとえば『マヌ法典』（二〇〇年頃）にあますところなく記述されている。そもそもそれは人類の祖（マヌ）が述べたとされ、ヴァルナ社会、つまりバラモンを頂点とする身分制社会の各ヴァルナの義務を規定したヒンドゥー法典であった。

そこでは「地上の神」としての王の義務が明示され、その義務とは人民の保護と社会秩序の維持にあるとのクシャトリヤ王権論が提起されていた。つまり国王に絶大な権力が与えられ、身分制社会の秩序の維持が提起されていた。この背景にはバラモンによる王権絶対化の思想があった。同法典ではさらに、バラモン集団の神格化が強調され、王の神格よりもバラモンの神格が勝るものだと説かれている。要するに身分制社会に占めるバラモンの地位がいかに絶大なものであるかが容易に理解されよう。しかもバラモンは王の神格化を通じて、国家の頂点に王を置き、その国家内で制度的に自己の身分の保障を試みていた。それはヴァルナからジャーティへと連動する身分制社会の規範となった。

また、『マヌ法典』では男性の優位社会にふさわしいさまざまな規定がなされている。

とくに同法典は、古代インド社会が家父長制的な社会であるべきことを理論化したものであった。当然のことながら、男性の権利や地位が高ければ高いほど、女性のそれらは抑圧され、低いものであった。女性の地位は最低ヴァルナのシュードラに等しいとされ、独立した人格は認められず、儒教下の日本にもみられた「三従」が義務として教えられた。すなわち女は幼時には父に、婚姻後は夫に、さらに夫の没後は子に従うべきだとされた。こうして同法典は、女性にとっては恐るべき封建的な社会規範の確立を意味していた。

こうしたヒンドゥー的な女性観はサティーの習慣、つまり先立たれた夫の火葬の火で妻がその身を焼く寡婦殉死の習慣を生んだ。それはかの叙事詩『マハーバーラタ』にみえ、王族間の慣習がしだいに民衆のなかに根をおろしていったという。

人生の四住期

ヒンドゥー教には人生の四住期に関する規定がある。すなわち、それはバラモン、クシャトリヤとヴァイシャの三ヴァルナに適用される人生の区分をさす。その四期とは、(1)学生《がくしょう》期、(2)家住《かじゅう》期、(3)林住《りんじゅう》期と(4)遊行《ゆぎょう》期である。

まず学生期では、伝統的な方式ではバラモンに入門してヴェーダ学習に専念する段階をさしている。授業方式の特徴は口授《くじゅ》、復唱と記憶にある。それを卒業すると、青年は家に戻り、家住期を迎える。そこでは家業に専念し、結婚したのち、息子を得、父の後、家督を継承し家族を養う。もともとヒンドゥーはアルタ（実利）、カーマ（性愛）とダルマ（義務）を三目的としているが、すべて家住期に遂行されるべきである。さらに家長として義務を果たした者は林住期を迎え、家督を子孫に譲り、家を棄て、妻とともに森に向かう。そこでは簡素な禁欲生活が待つ。最後の遊行期は人生の完成を極め、単独で絶対者を求めて托鉢《たくはつ》しつつ放浪する。

それにしても四住期論はバラモン的立場から再生ヴァルナと規定されている三ヴァルナにだけ適用された。第四身分のシュードラは排除されているから、これはバラモン中心の身勝手な話である。当然ここには社会生活から、その成員としての個の人間の権利、義務関係を遮断した、バラモンを頂点とする身分制社会の戯画のみが目立っている。

南インド世界の展開

インダスの人びと―南へ

インダス文明の担い手であった人びとは、前一五〇〇年頃から南インドへ移動と移住を開始して、前一〇〇〇年頃にはデカン地方とその南の地方に定住することになった。その後、巨石文化期を経て紀元前後にはタミル人がドラヴィダ文化の土台を築いた。

シャンガム文学の頃

タミル文化の開花の背景には、前三世紀頃からチョーラ、パーンディヤ、とチェーラ（ケーララ）などの小国が、北インドのマウリヤ朝の版図外に発展していた事実がある。当時、デカン南部では巨石を使用した王侯貴族の埋葬形式がみられた。タミル文化に関しては、シャンガム（サンガム）文学と呼ばれるタミル語の抒情詩である世俗文学作品からうかがい知ることができる。

これが生み出されたのは一世紀頃から三世紀頃にかけてであった。もともとシャンガムはサンガ（結集、組織）というサンスクリット語に由来する。この場合、それはアカデミー（宮廷文芸院）などとも訳されているが、当時の五〇〇人余りの詩人による二〇〇〇編以上の作品類が残されている。さらにこの文学の編纂に前後して、タミル地方では学者トルハーピヤルによる「トルハーピヤム」という名称のタミル語最古の文法書の完成をみた。この文法書のみならず、これらの詩には当時のタミル社会・文化の実情を知るうえで貴重な素材がみられる。同時に、そこにはインドラ神を含む北インドのアーリヤ文化の影響も確かにあった。かくてシャンガム文学は、インダス文明地域から南インドに移住した人びとにより築かれたドラヴィダ文化の古典を成している。

バクティ運動の萌芽

時代は下り、六世紀には仏教とジャイナ教は衰退して、ヒンドゥー教の分派としてのシヴァ信仰やヴィシヌ信仰が民衆の間に広まった。これらの信者の間からバクタ（バクティの実践者）が輩出して、バクティ（信愛）の思想と運動の原点を作り出した。具体的に七世紀から八世紀にかけて、ナーヤナール（シヴァ派）とアールワール（ヴィシヌ派）とよばれる、宗教詩人、思想家集団が自らの信仰を歌謡に託して各地の寺院を巡回した。そのスタイルと思想は、北インド全般に拡大するバクティ運動に確実に継承されていった。

さらにサータヴァーハナ（アーンドラ）朝は前一世紀にゴーダヴァリー川上流域に台頭し、周辺諸国からの攻撃を受けながらも、クリシナ川下流域にまで版図を拡大し、二世紀末にはシュリーヤジナ・シャータカルニ王が北部デカン全体を領土下に置いた。同王朝のもとで仏教やジャイナ教が盛んに信仰され、同時にマウリヤ朝の文物が南インドに流入していった。

チョーラ朝

さらに一〇世紀から一三世紀に倒壊するまでチョーラ朝がこの地域を支配するが、北インドのサンスクリット語を中心とするヒンドゥー文化は、南インドに最も多く浸透したといわれている。この王朝は初期には部族国家という性格をもっていたが、後には封建制国家に変容した。一説では同王朝は儀式上の主権と分節的な地方自治制度から成る分節国家であるという。村落や都市にはそれぞれ自治組織があり、土地の保有は村落全体と個人が主だが、寺院やバラモンへの特権的な施与地もある。国家の主要財源はもっぱら地租収入にあった。また、チョーラ朝による海外交易の進展もよく知られていた。しかし王朝の衰退と崩壊は、主に周辺諸国への干渉戦争などによって進んだ。

北インドが、あえていえば陸の道による人や物の移動に重点がかけられたのに対して、南インドでは地形的な利点も手伝い、海の道による人や物の往来がより頻繁になされた。

海の道の拡大

当時南インドとローマの間では、インドから胡椒《こしょう》などの香辛料、真珠などの宝石、象牙細工、綿布や剣などの鉄製品が輸出され、他方ローマからはぶどう酒、オリーブ油、珊瑚、ガラス製品、銅や錫《すず》などが輸入された。インドからの商品は、ローマでは原価の一〇〇倍で売られたという。この貿易の収支はインドからの輸出超過であって、ローマ側は金貨や金塊で決済し、しばしばその流出によって恐慌が発生したといわれる。今日多くのローマ貨幣（金貨）が南インドで発見されているが、これも古代の交易の証明にほかならない。

また南インドと東南アジアの間でも、インドからの仏教布教者の訪問を含め、文物の交流が進んだ。一～二世紀頃、東南アジアでは各地で国家形成が始まり、その過程でインド文化の影響は多大であった。インドネシア文化に及ぼしたヒンドゥー教の影響は大きく、インドネシア語やタイ語のなかにサンスクリット語の語彙が豊富に取り入れられてきた。たとえば、インドネシアのガルーダ神はヒンドゥー神話のガルダ神（金翅鳥）に由来し、インドの地名アヨーディヤーはタイのアユタヤとなり、インドのジャーティ（身分）はタイのチャット（民族）となる。かくて一四世紀頃までには、ヒンドゥー教寺院や仏教寺院がインドネシアのジャワ、スマトラ、マレーシヤ、タイ、ヴェトナムやビルマといった東南アジア全域に拡大していた。

古代インドの文化

中国からインドへ

古代、中国から法顕《ほっけん》、玄奘《げんじょう》や義浄《ぎじょう》といった三人の学僧が相次いで訪印した。まず四〇一年には法顕（三三八〜四二二）が陸路インド入りをし、各地を訪れた後、スリランカを訪問、海路で帰国し『仏国記』を書いた。ついで玄奘（六〇二〜六四）は中国を陸路出発して六二九年にインドを訪れ、長期滞在の後、六四五年に帰国した。その目的はマガダ国（ビハール）にあったナーランダー僧院での仏教の修学と文献の収集とにあった。ハルシャ王の宮廷にも出入りして、帰国後に『大唐西《だいとうさい》域記《いきき》』を残した。またこの二人の先達を慕い、六七二年には義浄（六三五〜七一五）も海路訪印し、やはりナーランダーで仏教を研鑽《けんさん》した。かれは帰国後『南海寄帰内法伝《なんかいききないほうでん》』を書いた。かれらは、マウリヤ朝期の東南アジアへの布教者とともに、仏教の世界宗教への道を舗装した。

文　学　宗教文献『ヴェーダ』は当時の人びとの生活の一端も示唆している。既述のとおり、アグニ（火）神への崇拝などはこの時代の人びとによる森林火事への対応でもあった。

しかし仏教関係では、歴史的に優れた古典文献として『ジャータカ物語』（前三世紀頃）が指摘されるだろう。これは作者不明のパーリ語の民間説話集で、通常「本生話《ほんじようわ》」と訳されている。この作品は、ブッダの前世の物語とみなされ、その功徳のゆえにブッダはこの世で卓越した活動をしたと説く。同時に『物語』はブッダはもちろん、前五世紀以降のインドの社会状態について貴重な情報をもたらしてくれるものである。この『物語』は、四世紀に編まれたサンスクリット語の説話集『パンチャタントラ』と内容面で重複し、以後世界的な広がりをみせた。それはアラビア語訳や漢訳で著名となり、東南アジアにも知られた。また西アジアのイスラーム圏を介して、実はこの『物語』は西欧の『イソップ物語』や『グリム童話』の一つの土台になった。

一方、グプタ朝期の四世紀にはサンスクリット語で『マハーバーラタ』や『ラーマーヤナ』の二大叙事詩が完成した。前者はカウラヴァ族とパーンダヴァ族という二つの親族集団の間の争闘を主題としている。この両者間の戦争は長期戦となるが、正義は勝つというテーマであって、パーンダヴァ側に勝利の女神が微笑む。ちなみに『バガヴァッド・ギーター』はこの作品の一部を成している。さらに『ラーマーヤナ』は、継母の策動で父親によってアヨーディヤー国から一四年間も追放されたラーマ神の苦節物語である。この作品の主眼は一つには家族制度、とりわけ家父長制度の美化にあり、二つには悪神に対して正義のラーマ神は、『マハーバーラタ』の場合と同様に最終的に勝利するところにある。またヴァーツヤーヤナの『カーマ・スートラ』(性愛論)もこの頃に書かれた。さらにサンスクリット文学の傑作としてカーリダーサ(四〜五世紀頃)による抒情詩『メーガドゥータ』(雲の使者)や、戯曲『シャクンタラー姫』がある。

また、前三五〇年頃、サンスクリット語文法学がパーニニによって進められ、アマラシンハによって最初のサンスクリット語辞典『アマラ・コーシャ』が編まれた。もともとサンスクリット語はインド・ヨーロッパ語系に属している。それから分岐、発展したヒンディー語を含む北インドの諸言語は英語、ドイツ語などと親戚関係にある。そこには音韻の対応関係が認められ、参考までに事例を挙げるとヒンディー語のピター(父)、マーター

図6　現代インドの国章

ライオン頭柱，アショーカ王のため彫刻（前3世紀）．(F.Watson, *India: a concise history*, London : Thames & Hudson, 1993, p. 10)

図7　ラヴ・レターを書く娘（11世紀，チャンデーラ朝，カジュラーホー）

(Grace Morley, *Indian Sculpture*, Banaras : Luster Press, 1985. p. 117)

（母）やケーンドラ（中心）は、英語のファーザー、マザーやセンターである。

なお、インド最初の文字は、かのアショーカ王の碑文の記述で用いられたブラーフミー文字（前四世紀）であるが、その後八世紀にはデーヴァナーガリー文字（サンスクリット語、ヒンディー語やマラーティー語などで使用）が発達した。一方南インドのタミル文字（七世紀頃）の源流も、このブラーフミー文字に求められている。

芸　術　マウリヤ朝時代には見事に磨き上げられた石柱がある。たとえばサールナートの獅子柱頭は独立インドの連邦政府の紋章として採用されている（図6）。またストゥーパ（卒塔婆、仏塔）とよばれるブッダの遺骨を納めた円形状の建物がインド各地に築かれた。

グプタ時代の仏教美術の最高傑作はアジャンター（現マハーラーシトラ）にある。その大半はこの時代の作品であって、ブッダのほかさまざまな仏教史に関わるものが主題である。ところでグプタ朝は仏教に代わってヒンドゥー教に好意的であった。当然この時代にはじめてヴィシヌ神やシヴァ神が一連のヒンドゥー神とともに神像として登場した。その後、カジュラーホー、ブーバネーシワルやカーンチープラムに見事なヒンドゥー寺院が建立された。かのカジュラーホー寺院における、一個の人間の情感や男女の奔放な結びあいを刻みだした石の彫刻群は、世界に例をみない芸術の一つの極致をなしている。

思想と哲学

政治家ネルーはアショーカ王の平和思想を評価した。それはアショーカの戦争経験を通じての認識転換に意義を認めたということである。とくに独立インドの外交政策である平和五原則の原点は、アショーカ王の理念に求められている。

ここでは古代インドの政治理論の初の提起者としてカウティリヤの存在を指摘しておくべきであろう。前述のように、かれはタクシラのバラモンの家に生まれ、ナンダ朝の王族の侮辱を受けた後、マウリヤ朝を開くべき青年政治家チャンドラグプタに夢を託し、学問の教授を含むあらゆる支援を試みた。その『実利論』（アルタ・シャーストラ、前二〜後二世紀）は政治経済理論書であった。それを貫く哲学は目的達成のための手段の正統化である。かの『インドの発見』（一九四六年）でネルーは、「チャーナキヤ（カウティリヤ）はインドのマキャヴェリと呼ばれているが、実際にはそれ以上の人物だ」と述べた。

ところで古代インドの思想家はこの世を幻想とみなし、霊魂と神との関係について思索を深めた。その意味では古代インドは精神至上主義の発展に多分に貢献した。他方でインドでは唯物論的な世界観も発展した。この派の哲学のなかにサーンキヤ学派があり、その創始者カピラ（前三五〇〇頃〜前二二五〇頃）は、真の知識を通じてのみ霊魂は解脱《げだつ》に達すると説いた。同派によれば真の知識は観察、推論や言語により獲得されるもので、神の存在は否定されている。同じ頃、ローカーヤタ哲学も同じように唯物論的な観点を用意していた。しかも興味深いことに、仏教思想の内部にも弁証法的な思考方法の存在が確認されている。しかし近代の西欧哲学の担い手とその追従者は、インドの唯心論や観念論に圧倒的な地位を与えてきた。かれらはことさらにそのような側面に注目し、それをインド哲学の属性として強調するオリエンタリズム、つまり東洋的文化への異国趣味や一種の停滞論のどまんなかに視点を置いていた。

自然科学

古代インドでは天文学や物理学のほかに、医学の分野でアーユル・ヴェーダ（ヒンドゥー医学）とよばれる伝統医学が発達した。マウリヤ朝時代には、この分野の名立たる医学者としてスシュルタとチャラカの二人が活動していた。

また、古代のインド人はゼロの発見をおこない、その使用、数の表記法や十進法に通じていた。その表記法は、西アジアのアラブ人に「インド数字」として採用され、アラブ人はそれを西洋世界に広めた。西洋世界はそれを「アラビア数字」として受けとめた。このゼロ概念の確認は、同時に十進法の数を位取りで表記する便法の確認でもあった。つまりインドは桁概念をもった最初の国である。一例を七七という数字で挙げよう。そこでは絶対的な値はいずれも七で等しいのに対して、位置的な値では前者が七〇で後者は七である。このように、当時のインド人は絶対的な値と位置的な値との区別を明確に認識していた。

中世インド

イスラーム王朝の興亡と民衆宗教の提起

デリー・スルターン朝

小国の分立とラージプート時代

グプタ朝の衰退とともに北インドには多くの領主国家が分立した。それに対応する地域主義の発展こそ、インド史の複合的な特徴であった。七世紀中頃には、ガンジス川の上流域でハルシャ王のヴァルダーナ朝が国家統一をはかるが、権力内の紛争で崩壊した。これに代わってラージプート諸王国が登場し、いわゆるラージプート時代（七世紀半ば～一三世紀）が開幕する。これには西北地方からインドへ侵入してきた外来王朝と、在地王朝の二群があった。前者にはグジャラート地方のソーランキー朝やマールワーのプラティハーラ朝があり、後者にはデカンのラーシトラクータ朝や北インドのブンデールカンドのチャンデーラ朝などがある。さらに南インドでは九～一三世紀にかけてチョーラ朝が広大な支配圏を確立していたが、それが滅ぶと、これまた小国の分立を招いた。

確かにインド全域での地域主義の発展は、インドの社会や文化の複合的な発展への条件を用意した。この特徴は後で説明するように、中世におけるスーフィーやバクティの推進者バクタの活動によりいっそう強化された。反面で、小国家の分立した状態は外部勢力のインドへの侵入を容易にする結果を招いた。この時、外部世界からインドを窺っていたのは、西アジアの新興宗教であるイスラーム勢力であった。

デリー・スルターン朝

インド史における中世封建社会は何といっても異民族支配としてのイスラーム諸政権の展開、つまりデリー・スルターン朝からムガル朝へと続く歴史過程に集約されている。後者はムガル帝国などとよばれる場合もあるが、ここでは一貫してダイナスティー（王朝）という用語を使用し、帝国という表現は採用しない。

八世紀のはじめ、ウマイヤ朝のアラブ軍がインド西部のシンド地方に侵入し、インドはイスラーム勢力の洗礼をはじめて受けた。さらに一〇世紀後半には、トルコ系のガズニー朝やゴール朝の軍隊がカイバル峠を通ってインドへの侵入を繰り返した。総じてインドへ

図8　クトゥブ・ミーナール

勝利の記念塔．デリー南郊にあり，13世紀はじめに完成した．（インド史家荒松雄氏の提供）

の初期のイスラーム侵入軍は、略奪や仏像などの破壊をほしいままにした。かれらは教義の上で偶像崇拝を否定していたからである。しかしデリー・スルターン朝の開幕とともに、こうした破壊活動は鳴りをひそめたという。

　デリー・スルターン朝（一二〇六～一五二六年）はデリー・サルタナットともよばれ、奴隷王朝、ハルジー朝、トゥグルク朝、サイード朝とローディー朝の五王朝から成る。サルタナットとはペルシア語でスルターン政権、つまりムスリム王権という意味である。その主要遺跡は今なおインド共和国の首都デリーの域内に都市開発の進むなかで辛くも保存されている。もともと奴隷王朝はゴール朝の将軍クトゥブッディーン・アイバックがその創始者であって、その創設は一二〇六年のことであったが、人によっては、アイバック王の軍人イレートミシュがデリーを首都とした一二一一年こそがデリー・スルターン朝の誕生年であるとしている。はじめ奴隷王朝はマムルークとよばれるトルコ系奴隷によって支配され、かれらが軍事、行政の要所を占め、宮廷内の高官の地位についた。もっとも一三世紀の統治者のなかで、旧奴隷出身者はイレートミシュと後に王となるバルバンの二人だけであったから、奴隷王朝という表現は人を誤らせるものだと指摘する意見もある。

一二九〇年、バルバンはデリーでハルジー集団によって打倒され、ハルジー朝がデリー・スルターン朝の二代目として発足した。かれらはトルコ系の自由民的な移住者集団の指導者であった。「ハルジー革命」は奴隷出身者を政治の場から排除はしなかったが、奴隷身分の出身者と軍・行政機構の要職者とを同一視する伝統的な価値観を破壊し、結果的に在地のムスリム貴族の発生を促進し、その役割の増大を強めた。またハルジー朝の成立の時期は、中央アジアでのチャガタイ系モンゴルのアフガーニスターン占領やそのインドへの侵入の増加とほぼ重なっていた。かくてアラウッディーンの時代には遠征がインド国内で繰り返され、その版図はナルマダー川以南地方にまで及んだ。その主たる目的は、ハルジー朝の対モンゴル防衛体制を維持、強化させるための莫大な費用を捻出すべく、征服した南インドの在地ヒンドゥー諸国から金銀類を略奪し、恒常的に貢納をおこなわせる必要性にあった。

ハルジー朝に代わりトゥグルク朝が成立したのは一三二〇年のことであった。ギヤースッディーン・トゥグルクは、これまたトルコ－モンゴル系の奴隷指揮官であった。しかし異色な存在は、その息子で後継者のムハンマッド・ビン・トゥグルク（在位一三二五～五一）、通称ムハンマド・アーディル・シャーであった。かれは自己の権力基盤を拡大するために、西アジア世界から著名人や移住民をインドに招く政策をとった。かのモロッコ出身の旅行家イブン・バトゥータは、その一人として一三三三年から四七年にかけて滞印して、長大な記録を残している。ムハンマッド・ビン・トゥグルクは、寛容性と残忍性といった相矛盾する性格をそなえた、デリー・スルターン朝史上でも評価の分かれる人物であったが、ずば抜けた大胆さの持ち主であったことだけは確かである。かれは拡大した王朝の首都を一時、南インドのデーヴァギリ（ダウラッターバード）に移転した。しかしながら後には再びデリーに首都を戻している。

財務行政と治世の性格

この王朝のもとで土地の国家的な所有と王権が強化された。土地にはイクター地とハールサ地の二つの形態があり、前者は戦争などで功績のあった者に王から給与された土地を意味していた。その土地ではイクターダールとよばれる指導者が統治権と徴税権の二つを認められていたが、王のために兵士を徴募する義務もあった。ハールサ地はもっぱら王の直領地をさしていた。このハールサ地は、新しい征服地の一部や統治上の要衝として、王権の直接的な財政基盤を支える留保地であった。

イクターダール（後にはジャーギールダール）は、中央の王権力によってしばしば特定の給与地から別の場所に移された。いわば一種の「国替え」である。さらにその特権は世襲制ではなく一代限りのものであったから、最終的にはデリー・スルターン朝の中央集権制に統括されていた。したがって王権に反抗した一部のイクターダールを除いて、土地給与を受けたものが対象地に定着することはまずなく、イスラーム政権がその影響力を村落の農民レベルまで浸透させることは難しかった。そのレベルでは非ムスリム、つまりヒンドゥーの権力者や地主・領主層が無視できない影響力を持続させていた。

新たなるムスリム征服者は、インドでの支配制度を維持、発展させる行政や地租徴収の制度の分野では、すでに存在したヒンドゥー王権下の機構を利用する反面、宮廷、軍事、司法、教学の分野では、西アジアや中央アジアのムスリム諸国家で成立していた従来の制度を継承した。たとえば司法、教学の面で、デリー・スルターン朝時代にも、カージーとよばれる司法官は、シャリーア（イスラーム法）の遵守を監督するムスリム社会の司法行政の担い手であった。さらにウラーマーと称されるイスラーム神学の専門家は、本来、法規範や教学の面で指導的な立場にあり、支配層との間に距離を置き、独自の識見のもとにそれに影響を与える役割を果たすものであった。しかしデリー・スルターン朝下では、ウラーマーは貴族や官僚の権力闘争に加担したり、かれらに従属している場合が一般的であった。その意味で、この時代では本来のウラーマーの役割をむしろスーフィー（神秘主義者）集団が代行していた。

デリー・スルターン朝の治世で注目されるのは、二人のスルターンの活動である。デリーとその周辺で社会的な事業を残した王は、前出のムハンマッド・ビン・トゥグルクとフィーローズ・シャー（在位一三五一〜八八）である。とりわけ後者は運河の構築などの土木事業をはじめとして、開墾地の造成や農業生産物の品種改良にも関心を集中していた。もちろん、その背後には破綻した王室財政の建て直しや、村落共同体を介してのハラージとよばれる貢租の収奪の緊急性があったからであって、それらは王権支配を貫徹するための一連の活動にほかならなかった。

その証拠にデリー・スルターン朝中期の歴史家バラニーは、すでに触れた奴隷王朝のバルバン王の治世について、

国の支柱である農民をあまり豊かにすると反乱を起すが、逆にあまり縛りつけると、かえって農業生産を低下させ、国を貧しくさせる。

と述べたという。これはまさしく例の徳川幕府の開祖、家康の発言とされている、百姓は「死なぬように、生きぬように」という農民観と重なるものである。インド史家の荒松雄は、このような農業生産や農民層に対する思考や姿勢は、デリー・スルターン朝期の支配層がひとしく抱いていたものであろうと指摘している。

ムガル朝の成立と展開

カーブルからの訪問者

一四世紀末あたりから、トルコ系のティムールはアフガーニスターンのカーブルを拠点にして、インド北部地方への侵入を繰り返していた。一五二六年、ティムールの子孫のバーブルは、パンジャーブのパーニーパットでローディー朝の最後の王イブラーヒームと対戦してこれを破った。いわゆるパーニーパットの戦いがそれである。バーブルの父方はトルコ系で、母方はモンゴル系であった。一五二六年はデリー・スルターン朝の終末を意味し、同時にバーブルによるムガル朝の建設の年であることを意味した。

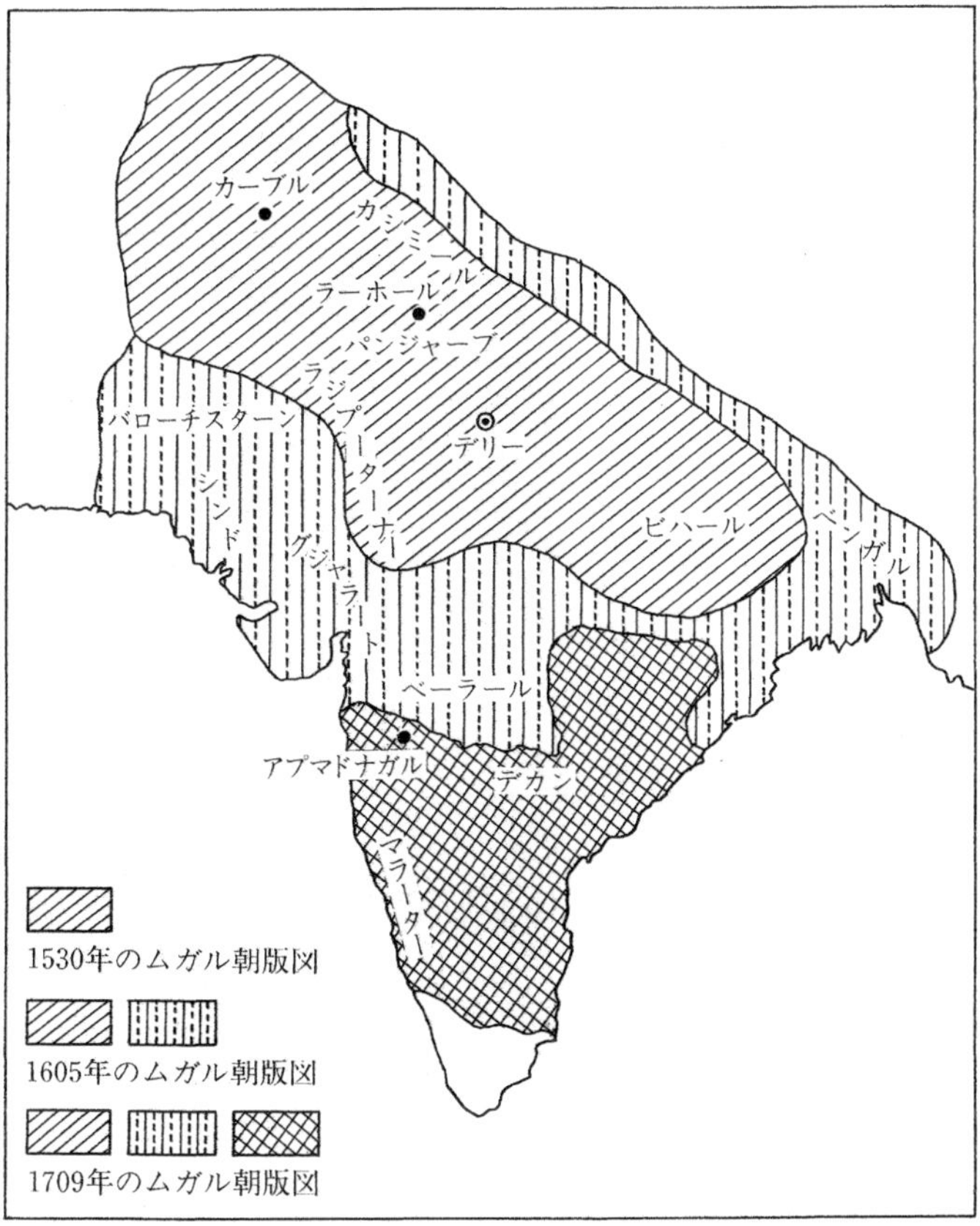

図９　ムガル朝の版図の拡大

図10　アクバル王と聖職者たち
(F . Watson, *India : a concise history*, London : Thames & Hudson, 1993, p. 104)

ムガル朝の成立　ムガル朝の実質的な建設者は第三代目のアクバル王であった。かれは一方で、ヒンドゥー系のラージプート勢力と和解しながらその版図を拡大して、北はアフガーニスターンの大半、南はデカンを除く大半を支配下に置いた。カーブルなどアフガーニスターンの主要都市を支配下に置いた目的は、自分の騎馬軍のために大量の馬の供給地を確保するところにあった。アクバルはその首都をデリーの近郊にあるアーグラーに移した。

その諸特徴

アクバルの行政手腕によりムガル朝は一五〇年も維持することができた。

アクバル統治の第一の特徴はスーバー（州）、サルカール（県）、パルガーナー（郡）といった三段階の行政制度を整備したところにある。アクバル期にはスーバーの数は一五であったが、第四代のジャハーンギール期には一七、第五代のシャー・ジャハーン期には二一に増加している。財政上はそれらがカーリサ地（王直領地）とジャーギール地（給与地）とに分類されていた。そのうち後者はデリー・スルターン朝のイクター制に対応していた。したがって、ジャーギールダールはかのイクターダールとほぼ対応することになる。州の最高権力者は、行政の長たるスーバーダールと州歳入（徴税）の長たるディーワーンとに二分され、両者は相互に牽制する位置に置かれていた。

第二の特徴は主に軍隊――主として騎兵――に関係していて、マンサブダーリー制度という軍事的な位階制度の導入にあった。アクバル期以後、ムガル朝の官僚は王から功績としてマンサブ（禄位）を与えられ、昇進していく制度があり、軍事的な規模は一〇騎から五〇〇〇騎に及んだ。このマンサブを授与されたマンサブダールには貴族も含まれ、概して高額所得者であった。このマンサブダールに与えられる位階はザート、また保持すべき騎馬はサワールとよばれていた。アクバルは現金をマンサブダールに支払う方法を採用して、その維持に務めた。ちなみにアラビア語起源の身分を示すザートなる言葉は、英領時代以降ではヒンディー語のジャーティと同じで、カーストの意味で使用されている。

第三に地租制度の整備が挙げられる。ムガル朝の主要な歳入源は地租にあった。土地は耕地の肥沃度に従って四等級に区分されていた。地租納入には現物と現金があり、現金が歓迎された。徴収に関してはアクバルは在地有力者から支援を得た。村落共同体で一括して地租を上納している場合は別として、その官僚は在地の上級土地保有者、つまりザミーンダールと交渉した。これらザミーンダールは農民から地代――一般に生産物の三分の一――を徴収し、自己の取り分を除いて残額を上納した。このザミーンダールはやがて、自己の固有の権益として土地に対するザミーンダーリー権（徴税権）を主張するようになった。かれらはやがてムガル朝の行政制度のなかで最も重要な階層としてその姿を現わした。

アクバルはまた、ヒンドゥー系のラージプート諸王国との提携を強めた。その一部を直接行政機構のなかに統合して、権力基盤の拡大を意図した。そのためにアクバルは宗教的な寛容政策、つまりイスラームとヒンドゥー教の共存政策をとった。具体的にはヒンドゥーに対するジズヤとよばれる人頭税（一五六四年）、ヒンドゥーの巡礼地課税、捕虜のイ

図11　タージ・マハル廟のたたずまい

(F. Robinson, ed., *The Cambridge Encyclopedia of India and Pakistan*, Cambridge : Cambridge University Press, 1989, p. 460)

スラームへの強制的な改宗などを撤廃した。

一方、アクバルは検地、耕地の分類、生産高の現金への換算などの面で、ラーホール出身のヒンドゥーのトーダル・マルを登用し、その功績で後に、かれはムガル朝内部で宰相の地位を与えられた。

翳りのなかのムガル朝

一七世紀の前半はムガル朝の末期に相当したが、ジャハーンギールとシャー・ジャハーンの両王の時期は部分的な安定に加えて、文物の面でも一定の発展をみた。ジャハーンギールの時期、ムガル朝は、インドの中部、西部、東部やアフガーニスターンの一部を自己の勢力下に置いた。しかし一六二八年のシャー・ジャハーンの王就任時には、西部インドの在地有力者としてマラーター勢力がしだいに成長しつつあった。シャー・ジャハーンは、アーグラーにタージ・マハル廟を建設中、首都をアーグラーからシャージャハーナーバード（シャー・ジャハーンの都）、つまりデリーに戻した。

シャー・ジャハーンによる政治的な統一と「法と秩序」の確立によって、商業や物産の一大センターがインド各地に出現し、近隣地域のみならずヨーロッパとの交易も一段と盛んになった。ラーホール、デリー、アーグラーやアムダーヴァード（アフマダーバード）は、道路や水路によって他の重要な都市や港と結合し、当時の世界の代表的な都市であった。

しかしムガル朝は版図を拡大した分だけ、内部矛盾を深める結果となった。その第一は、この頃から在地の領主的有力者がムガル朝の国庫に対して地税を納入することを拒否する事態が生じていた。国家の規模にふさわしい軍隊をはるかに超えた軍備状況が、時のムガル政権には存在した。ジャハーンギール期には底をついた国庫と激減した王の直領地が残されていたのみであった。シャー・ジャハーンはマンサブダーリー制度の見直しをおこなったが、それもこれも課税額と徴収額との間のギャップを公的に認める結果に終わった。国家による耕地拡大の意図はそれ自体が限界をもっていた。なぜならばこの社会は土地の占有者が、資本家的な地主はもちろん、独立自営農民となる道を閉ざしていたからである。その行政制度は当時の社会構造のもとで永続的な変化を生み出すのに失敗した。支配カースト集団であるザミーンダールや、村落の長から独立した新世代が育つこともなかった。在地有力者により徴収された地租に寄生的に依存しようとして、それが成らず、ムガル朝は最終的に自己解体への道、すなわち在地の封建領主集団の分立への道を舗装した。

ところでアーグラーのタージ・マハル廟は、シャー・ジャハーンによって亡き妻ムムターズ・マハルのために造営され、一七世紀半ばに完成をみた。ムガル朝の最高の王たるものが、この建築に莫大な時間と費用を使い、愛妻の追悼と愛惜とに身と心を捧げていたまさにこの時、インドの四海には新たにイギリスを先頭にしたヨーロッパ各国の「黒船」がひしめいていた。しかもイギリスはすでにインド各地に取りつき、その後の時代への商館（インドからの輸出商品の一次加工や貯蔵の場）のような拠点づくりに着手していた。こうしてタージ・マハル廟は翳《かげ》りをみせたインド封建制を飾るにふさわしい墓碑銘となった。

相次ぐ民衆蜂起

第六代のアラングゼーブ支配下のムガル朝では、昔日の最盛はもはや期待すべくもなく、その領土の到るところで民衆蜂起が相次いだ。まずデリー・アーグラー地域では、在地の小領主のジャート農民が地租の過剰課税に反発し、ムガルに対抗して一六六九年と一六八五年に蜂起した。指導者が逮捕されたり、殺されたりしても、かれらは蜂起をやめなかった。さらに一六七二年には、ナルナウルのサトナーミーとよばれる下位カースト農民がムガル軍と衝突した。ムガル朝はまたパンジャーブ地方でシク教のグル（師）のテーグ・バハードゥールを一六七五年に処刑したが、その息子のグル・ゴーヴィンドとその信者たちは、ムガル権力に対する抵抗を進めていった。また北西部では、一六六七年にパシトゥーン人がムガル朝への戦いを宣言している。

アウラングゼーブはまたラージプート人との間で、反発と抵抗を招く、拙劣を極める政策を提起した。しかしムガル朝にとって最大の「敵」は、

悪あがきの王

西部インドで政治の舞台に登場するシヴァージーとかれに率いられるマラーター人の存在であった。アウラングゼーブの治世初期に、英雄的な指導者シヴァージーのもとに独立したマラーター国は、ムガル軍と対決する時代を迎えた。

こうした難局に直面して、アウラングゼーブは神頼みとしてイスラームに回帰する方向を示した。役職にはアクバル期とは違ってムスリムだけの登用が一般化し、ヒンドゥーは排除された。かれはアクバルが廃止していた人頭税の賦課を一六七九年に復活した。またムガル朝の擁護のため、マラーターに対するジハードを呼び掛けた。それはアラビア語で

イスラームの教義を防衛する聖戦を意味する。この試みは結局は大半が失敗に終わった。一七〇七年、アウラングゼーブが没すると、ムガル朝は内側から、周辺部からその崩壊が音をたてて進んだ。

ポルトガル人の来印

ヴァスコの訪印

一四九八年、ポルトガルのヴァスコ・ダ・ガマの率いる四隻の船が、アフリカ南端の喜望峰を回ってはるばるインドに渡来した。かれらこそインドに海路で到達した最初のヨーロッパ人であった。ここに「インド航路」が開設された。南インドはケーララ地方のカリカット港に投錨したかれらは、地元の領主ザモリンと会見し、コーチーンその他を訪れた後、ポルトガルに帰国した。かれらはまたとない時にインドにやってきたといえる。なぜなら、北部のデリー・スルターン朝やデカンのバフマニー朝はともに衰退過程にあり、ポルトガル側と相争うべき海軍力を装備した王権は存在しなかったからである。

したがってポルトガルとインドの間に立ちはだかる唯一の集団は、インド洋の交易を独占していたアラブの商人であった。ヴァスコの第二回訪問は一五〇二年であったが、これは失敗に終わった。理由は簡単で、ザモリン（在地の封建領主）がポルトガル側に背を向け、アラブ商人の交易ルートからの排除を拒否したからである。しかしポルトガルのインド交易は増大の一途をたどり、一五〇五年にはドン・フランシスコ・アルメイダがインドの初代総督に任じられた。一五〇八年、ポルトガルはエジプト＝グジャラーティー連合艦隊を簡単に破ることによって、香料貿易を主とする海上交易の独占権を確保した。これは次期総督アフォンソ・デ・アルブケルケによるインド洋水域への進入を抑える基地の確保と、一五一〇年のゴアの占領を容易にした。ポルトガル側の勝因は大型船と火器の圧倒的な優位にあった。

拠点としてのゴア

このゴアは、インドのみならずアジア全域でのポルトガルの有力な拠点となり、グジャラート地方のダマンやディウとともに、二〇世紀のインドの独立後まで、その植民地的な地位を維持した。当然、ゴアは一五三四年に設置されたイエズス会修道士の活動拠点でもあった。日本に一五四九年に渡来したフランシスコ・ザヴィエルもゴアやマラッカで活動していた。英語流の発音ではゼーヴィアーとなるかれの遺体は、いまもゴアに残る古い教会堂の隅に静かに眠っている。

間違ったカースト論

ポルトガルのインド進出は、交易の促進のため現地のインド人コミュニティーとの混交をともなった。かれらは新大陸、つまりラテン・アメリカ原産のジャガイモやトマトなどをはじめてインドにもたらし、同地の民衆の食生活を豊かにした。しかし何より、ポルトガル人はインドでおこなわれていたジャーティ制度をカースト制度と命名して、全世界にその所在を間違って知らせることになった。ポルトガル語でカスタは色を意味し、古代からバラモンを頂点とする四姓制度（カースト）が鉄枠としてインド社会を緊縛しているという内容のものであった。しかし前述のように、一〇〜一二世紀には古代インドのヴァルナ制度はジャーティ制度に編成替えをしていた。本書では、以後ジャーティと同義でカーストという用語を使用するものとする。

ポルトガルとイギリス

ところで一七世紀、ヨーロッパからはイギリス、オランダ、フランスの諸国が相次いでインドを含むアジア各地にその航海上の網を拡大しつつあった。しかしオランダやフランスは、全体として一八世紀半ばにはインドで領土を失い、交易拠点を残すのみであった。そのなかでポルトガルは先述のように長期にわたってインドで小植民地を維持し得た。その背景には、かのナポレオン戦争でイギリスとポルトガルが同盟関係にあったという事情がある。

それと同時に興味深いことには、ポルトガルが主にインド洋水域を基盤とするアジア地域を対象としていたのに対して、隣国スペインの活動領域は大西洋を舞台としていた。このように一六世紀の大航海時代の担い手であるポルトガルとスペインは、文字通り世界を二分する勢いを世界に示した。もっとも両者は談合のうえでこうした分業関係を計画し、実行していたわけでは必ずしもなかった。

中世民衆の宗教運動

バクタの思想と行動

古代インドにおける仏教やジャイナ教が一種の社会・思想革命であったように、中世インドの民衆的な思想革命といえば、一三世紀から一六世紀まで隆盛を極めたバクティ（信愛）運動やスーフィー運動にほかならなかった。広く使用されたバクタとはこの運動の実践者を示す用語である。両運動は、インド史における人間の平等や自由をめざす近代への黎明の鐘を打ち鳴らすものであった。

まずスーフィー、つまりイスラーム内の神秘主義者の活動を略述しておきたい。その起源はイスラーム内部の禁欲主義に端を発し、これが祈りを通じて神への愛に転化したものである。この運動が急速に展開されるのは一三世紀からで、インドでは中世初期にはチシティー、スフラワルディーの両教団が、また後期にはカーディリーやナクシバンディーの両教団の活動がよく知られている。その代表格はチシティー派のニザームッディーン・アウリヤー（一二三八〜一三二五）で、かれはデリーを中心にして多くの信者を確保していた。その祈りは教えの吟唱と実践にあり、かれらは原則として時の権力や権力者との間に距離を置いていた。こうした聖者崇拝は以下のバクティ運動でも確かめられるが、スーフィー聖者と以下に述べるバクタとの間には一定の交流がみられたという。

その起源

バクティ思想は、ヒンドゥー教の一古典である『バガヴァッド・ギーター』（一〇五年頃）にその起源を求めることができる。それは人間による人格神への愛と帰依《きえ》の実践をその特徴としていた。その背景には、ヒンドゥー教がバラモンを絶対化する思想と体系をもちながら、一面で人間そのものの普遍性を認める必要があった。つまり同書は、バラモン以外の一般民衆に対しても理想的な状況や世界への転換を認識させ、個々の人間の正義感や義務感のあり方を鋭く問うた。数あるヒンドゥー教の文献中で、これはめずらしく理解が容易であって、そこには時空を超えて人びとの心を打つ真理の数々が綴られている。

このバクティ思想はまず南インドで成長、発展する条件を得た。これはヴィシヌ派の間で重視され、七世紀頃からアルハールとよばれた神秘主義詩人たちが寺から寺へと宗教詩を吟唱しながら巡行した。やがてチョーラ朝時代のタミルナードゥ地方にラーマーヌジャ（一〇一七〜一一三七）が現われ、ヴィシヌ派のバクティ信仰の先駆者としての役割を果たした。この運動は西部へ、東部へと確実にインド大の広がりをみせることになった。

運動の複合的な展開

西部インドのマハーラーシトラではなによりもまず、ナームデーウ（一二七〇〜一三五〇）がマラーティー語による吟唱運動の先頭を切った。これを継承する二人がトゥカーラーム（一六〇八〜四九）とラームダース（一六〇八〜八一）の両者であった。前者は農業カーストに属し、地方神の信仰といった日常生活での実践の重視を通じてバクティ運動を展開した。ラームダースも前者と同様にバクティ運動の指導者であって、マラーターの団結と反ムガル権力の政治的な立場を鮮明にし、マラーターの英雄的な存在のシヴァージーに対して多大の影響を与えた。

さらに東部インドではバラモン出のチャイタニヤ（一四八五〜一五三三）が吟唱行進をおこない、バクティ運動の中心的な指導者となった。その説教は一六世紀以来ベンガル地方で深く大衆のなかに支持者を得た。信愛の対象としての神はクリシナ神が一般的で、チャイタニヤのベンガル語による説教は、カーストの高低や性別を問わず、またヒンドゥーとムスリムといった宗教の差を越え、人間の尊厳と愛情の尊さをベンガル語で教えた。

カビールの場合

北部・北西部インドでは何といってもカビール（一三九八〜一四四八）の役割がずば抜けて大きい。かれは北インドの自分の生地バナーラス（カーシー）を活動拠点にして、カーストの否定と人間の平等、ヒンドゥーとムスリムの団結を説いた。同時に人びとにヒンドゥー教やイスラームにまつわる儀式や虚飾の廃止をよびかけた。かれの立場からすれば、神はアッラーにも、ラーマにもあらず、平等な人間のなかにこそ求められた。

もともとカビールはバラモン女性の私生児で、ムスリムの家族に育てられ、職業は機織りで、教えはすべて民衆語の初期ヒンディー語による吟唱を旨とした。その祈りの形式はバジャンとよばれ、北インド一帯で熱烈な歓迎を受けた。

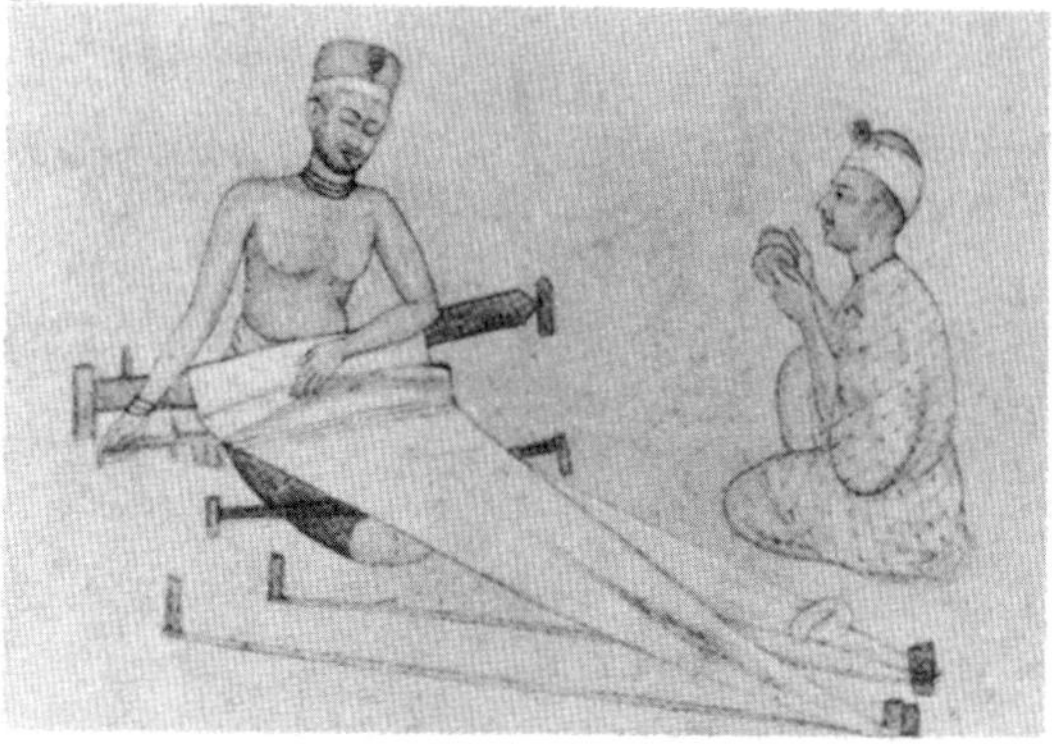

図12　機織りのカビールと弟子，唱和する二人

(F.Watson, *India : a concise history,* London : Thames & Hudson, 1993, p. 103)

かれ自身はヴィシヌ派のある聖者の影響を受けていた。他方でかれの思想はシク教の開祖グル・ナーナクによって継承され、二〇世紀にはマハートマー・ガンディーの思想にも影を落としている。

いずれのバクタにも共通している点として、かれらは揃ってブッダの思想や説教方法を継承していた。その思想面では人間の尊重や平等がバクタの強調するところである。これはまさしくブッダの説く人間観と軌を一にするものであった。またブッダの説教がバラモンの言語であるサンスクリットではなく、民衆語のパーリ語でなされたように、バクタは自らの説教をマラーティー、ベンガーリーやヒンディーといったそれぞれの初期段階の地域言語で試み、地域語と地域文化の発展のための土台を築いた。少なくとも、その場では宮廷語のペルシア語は使用されなかった。

歴史家の発言

インドの歴史家ジャドゥナート・サルカール（一八七〇〜一九五八）は『シヴァージーとその時代』（一九一九年）で、バクティ運動を中世ヨーロッパのプロテスタンティズムに対比した。

一六世紀ヨーロッパのプロテスタントの改革のごとく、一五、一六両世紀のインド、とりわけデカン地方には宗教的、社会的かつ文芸上の復活や改革があった。この宗教的な復活はその宗教上の正統派の面でバラモン的ではなかった。すなわちそれは形式や儀式や生まれにもとづく階級区分に対して抗議する精神をもつという点で異端的であったし、結果的に他のすべての確保された善や善良なる作業とつらなる、純潔なる心と愛の規律を選択するという点で倫理的であった。この宗教的な復活は民衆の、大衆の作業であって、諸階級の作業といったものではなかった。その先頭には聖者や預言者、詩人や哲学者がいて、かれらは主に社会の下層、つまり仕立屋、大工、壺作り、庭師、小売屋、床屋と掃除夫の出身者であって、バラモン出の場合は少なかった。ヨーロッパのプロテスタント運動がキリスト教内のカソリックに与えた影響と同じように、バクティ運動はヒンドゥー教の正統派的な思考に打撃を与えた。

運動の史的意義

歴史的な見地からすれば、バクティ運動は二つの重要な結果をもたらした（元インド上院議員、S・C・ジャー）。第一に、宗教的な尊厳と永遠に不変だとされてきたカースト制度に重大な結果をもたらした。つまりカースト制度の硬い枠に亀裂が走り始め、柔軟さと変化とがカースト制の構造のなかに忍び込んだ。バクティ運動の指導者は、時代を長年支えてきた四重の社会的区分（四姓制度）に不可侵のものはないと力説した。その結果、封建制を強固に支えてきたカースト制度は影響を受け、壊れやすくはなかった封建制の枠組みが壊れやすくなり、新しい社会勢力が登場する前に、その制度は自分で弱点をさらすことになった。つまりバクティ運動による新しい物の見方は、旧態依然たる思考方法で縛られてきた社会集団に衝撃をもたらした。

次にこのバクティ運動は社会全体に労働というものの尊さを説いた。かれらの教えでは、この社会のどんな構成員――バラモンやクシャトリヤといった上位カーストの構成員を含め――であれ、労働の行為によって人間の尊厳に泥が塗られるということはない。以前は、こうした肉体労働は社会的に特定されたカーストの人間に関連する尊厳の問題であった。言い換えれば、バクタは労働は下賤なものだというバラモン的な思考や行動を明確に否定した。バクタの実践が示すように、労働はすべての人間の基本的な課題として展開されるべきである。こうした物の見方は、局地的にせよ、当時のインドの上昇しつつある社会的な生産力（小商品生産）と経済的な進歩への刺激と励ましであった。その意味では、バクティ運動はムガル封建制内部での変革への要素を示唆するものでもあった。

在地領主権力の台頭

シク教の展開

多宗教国家のインドで最も歴史の浅い宗教はシク教である。シク教はグル・ナーナク（一四六九〜一五三八）により開かれたパンジャーブ地方を主な舞台とする宗教である。その開祖であるナーナクは、若き日にバナーラスのバクティ思想の先達カビールの影響、つまり人間の平等説を自らの信義となし、これを土台にしてシク教を開いた。見方によればナーナク自身がバクティ運動の実践者であって、シク教自体がパンジャーブ地方でのバクティ思想の発現形態であったともいえよう。ちなみにシクとは、サンスクリット語またはパンジャービー語で学習者とか門弟の意味であり、グルとは師とか尊師を意味する。

かれはパンジャーブのラーホールの近くに生まれ、家はヒンドゥーのカトリー（書記などの役職）・カーストであったが、在地のムスリム貴族の家で用度係の仕事を続けた。一五〇〇年頃、思想的な転換、つまり精神的な啓示を得て各地を彷徨し、多くの宗教者との出会いのなかで自らの立場を固めた。晩年かれはパンジャーブに落ち着き、そのまわりにたくさんのシク、すなわち門弟を集め、その信条をキールタンとよばれる聖歌の合唱を通じて伝えた。

何よりもまずナーナクはカースト、偶像崇拝やヴェーダ学習の批判と否定とを前面に押し出し、その点ではバラモン・カーストを頂点とするヒンドゥー教の教義とは公然と対立した。また形式化した儀式や断食に反対したことから、その教義は一面でイスラームとも相容れないものであった。そのナーナクは自己の人生観を変える精神的な啓示を得た直後に、

この世に真のヒンドゥーも存在しなければ、真のムスリムも存在しない。

と発言したと伝えられるが、その真意はまさに上述した思想に支えられていた。

第二代のグル、アンガドは後のシク寺院グルドワーラー（師の居住所）の基礎を築き、貧しい人びとへ無料で食事を提供するランガルの慣習を導入した。また第五代のグル、ア

ルジュン（一五六三〜一六〇六）は居をアムリットサルに決め、総本山である黄金寺院をそこに建立した。それは一般にハルマンディルとかダルバール・サーヒブとよばれている。なおシク教を主体とする宗教詩を集めたものがグラント・サーヒブであって、アルジュンによって編集された。この一六世紀の後半こそシク教の最盛期にあたっていた。

第一〇代のグル時代、シクの再結集をめざしてシクの資格を規定する〈五つのK〉が決められた。その内容はケーシ（髪）、カンガー（櫛《くし》）、カッチ（軽装ズボン）、カラー（飾り腕輪）とクリパーン（懐剣）を身につけることであった。全体として一七世紀以降シク教団はムガル朝との間でしだいに対立を深めていった。その対立はムガル軍による執拗なシク弾圧へと向かった。ムガル朝に加えて、やがてシクは次なる強敵のヨーロッパからの新到来者イギリスと対決することになった。一九世紀半ば凄絶なシク戦争が開始され、敗北した。それにしても専制権力や外国勢力に対して戦いを挑みながら、新たに政治制度を対置できなかったのは、シクの人びとにとって残念な話であった。

マラーター王国の場合

ムガル朝の弱体化を促進したいま一つの在地領主勢力は、西部インドのマハーラーシトラ地方を舞台とするマラーター勢力である。シク教のグル・ナーナクがカビールから多大の影響を受けたように、マラーター王国の建設者シヴァージー（一六二七〜八〇）はバクティ運動の先覚者であるラームダースの忠実な門弟であった。マラーターの伝統と文化を深く知る過程で、シヴァージー指導の政治は反ムガルと反英の二方向を民衆の前に明示した。なお、この王国は一六七四年に独立するが、一八一八年には崩壊した。

シヴァージーは父親がビージャープル王国の軍人で、ジャーギールダールの家庭に生まれた。かれはラームダースからマラーターの自立という思想的な影響を受け、一七世紀の半ばにマハーラーシトラ地方の農民を動員し始め、騎馬軍とゲリラ戦でしだいに周辺地域を自己の傘下においた。ムガル朝と敵対し、一時その囚われの身となるが、脱出に成功して、それに服従することは二度となかった。マラーター王国の独立宣言の後、ペーシワー（宰相）職が導入された。しかしそれは封建的領主国家であった。ただこの段階で注目すべきは、農民の負担がムガル朝期の六割の地租から三〜四割に下げられたことである。

ところで一八世紀後半から三回にわたりマラーター戦争が発生した。いずれもマラーター側とイギリスとの間に戦われた戦争であるが、ここで各戦争を貫いている特徴を確かめておくべきである。まず第一次戦争（一七七五〜八二年）はマラーター人の間のペーシワー継承の争いであって、それに乗じたイギリス軍とマラーター軍との間で戦われた。しかし戦争は明瞭な形で決着しなかった。ところでマラーターの主要領主たるシンディア家とホールカル家は、第一次戦争の結果に不満を抱いて第二次戦争（一八〇三〜〇五年）に突入した。今回は対英国という点でシンディア家とボーンスレー家は結束していたが、ホールカル家はこれに組せず、一方、ガーヤクワード家はイギリス側に加わるという、まことに混乱を極めた戦争となった。この戦争もマラーター側全体の見地からすれば、得る部分よりは失う部分が多い戦争であった。

すべての集団がその特権を何らかの形で喪失したという共通した敗北感は、ようやくマラーター側の諸勢力の「結集」を促し、対英第三次戦争（一八一七〜一八年）が勃発した。しかしながらシンディア家は出陣の機会を失い、ボーンスレーとホールカル両家の軍隊は個別戦で破れ、またペーシワーの軍隊もイギリス側によって壊滅された。ペーシワー軍とは、マラーター王国で誰もが認知しない「政府正規軍」であった。またイギリス側の反撃は尋常なものではなかった。

マラーター文化とマラーティー語を基盤とするマラーターの団結とは、シヴァージーを待つまでもなくマラーター民族の達成すべき新時代の課題を明示するものであった。しかし独立達成という道をせっかく選択しながら、その内実を固めるべき計画が指導層の間で練られることはなかった。シヴァージーが提起した理念は、マラーター王国の実務担当者の時間表からはずり落ちていた。ここで問われたものは、デリーのイスラーム諸王朝の支配の功罪ではなく、インド全体が敵となるイギリス側に自らの立場を預けるような分裂した指向をもつ、マラーター民族集団の内部の弱さであった。

南インド諸王朝の興亡

デリー・スルターン朝からムガル朝に及ぶ時期の南インドの動きをみておきたい。すでに述べたように、中世期にも北インドと南インドの結びつきは強まりこそすれ、弱まることはなかった。たとえば南インドに発するバクティ運動が、やがて北インドに波及した事実に関してはすでに論じた。ここでは主に政治史上の諸変化をみておくことにする。

デリー・スルターン朝の南遠征

新興のイスラーム王朝であるデリー・スルターン朝が南インドと軍事的に直接関わるのは、二代目ハルジー朝の王アラーウッディーンのときであった。その軍隊は一四世紀はじめにデリー南郊の要衝を手始めにして南への遠征を試み、各地に並立していた小王朝を次から次へと打倒し、これを併合した。その対象となったのは、マハーラーシトラ地方のヤーダヴァ朝やアーンドラ地方のカーカティーヤ朝であった。ハルジー朝の軍隊は余勢をかってさらに南進し、タミル地方のホイサラ朝を攻略してマドゥライに達した。ハルジー朝はこの南方作戦によって莫大な財宝を入手したといわれている。

しかしハルジー朝に続く、トゥグルク朝時代にはデリーからの無意味な首都移転事業や悪貨の鋳造計画が重なり、にわかに支配体制にきしみが入った。その失政の結果、インド各地には地方軍事勢力による離反が続いた。南インドでは一三三六年にトゥンガバドラー河畔にヒンドゥー系のヴィジャヤナガル王国が建設され、一六世紀まで繁栄した。ヴィジャヤナガルの意味は勝利の都である。それは一般にハンピともよばれた。ヴィジャヤナガルの建国に続いて、グルバルガ地方ではデリー・スルターン朝派遣のムスリム太守が反乱を起こして、バフマニー王国を建国した。これは一六世紀まで繁栄するが、その後小国へと分立した。

ヴィジャヤナガル王国の興亡

独立したヴィジャヤナガル王国はやがてトゥンガバドラー川以南を勢力下におき、一五世紀のデーヴァラーヤ二世の治世にはクリシナ川まで、また他方ではケーララ地方の港市をも支配下に組み入れた。王の死後、一四八六年には第二王朝のサールバ朝の支配が始まり、さらに一五〇五年には第三王朝のトゥルヴァ朝がその後を継承した。この王国の支配は西部デカン地方から始まり、東南のタミル地方に及んでいった。そのなかで、多くの兵士がカルナータカとアーンドラの両地方からタミル地方に進出した。またこの地方では一四世紀に手工業や商業が発展しつつあった。しかし、ヴィジャヤナガルの兵士や役人は高額税を含む圧政をおこなったので、一五世紀前半には農民や職人を主体とした下層民の反乱が起きている。

一五〇九年、第三王朝のクリシナデーヴァ王が就任後、ヴィジャヤナガル王国は最盛期を迎え、領土はいっそうの拡大をみせた。記録では、ヴィジャヤナガル市は世界で最も物資の豊富な都市であり、王によりカピタン（ナーヤカ）とよばれる軍事指揮官が各地に派遣され、領地を与えられる代わりに、貢納と治安の義務を課せられていたという。同時にポリガールとよばれる在地の軍事的有力者層が各地に輩出したが、かれらの活動は一面で王国の繁栄を弱める結果にもなった。さらに地方行政制度の整備とともに郡や村落には各種の商人、職業集団が生まれ、盛んに交易や商品生産がおこなわれた。一方、ベンガル湾とアラビア海に面する多くの港を通じて、中国、東南アジアやアラブ諸国との間で交易が進められた。ゴアのポルトガル人商人を通じて、アラブ諸国からは戦闘用の馬を購入していた。

その後、同王国では隣りのムスリム五王国の間の紛争を進める政策が採択されたが、相手側にこの意図を見透かされ、王国の権威は急速に失墜した。

その後の南北関係

一四世紀から一六世紀までのほぼ二〇〇年間、ナルマダー川を境とする南北インド関係は比較的に平穏な時代にあった。しかし一五九三年、ムガル朝のアクバル王の南征が敢行され、デカン地方はアフマドナガルを筆頭にしてムガルの支配下におかれるかにみえた。しかしすでに述べたように、マラーター勢力はムガル軍に対する対抗勢力として無視できない存在であった。一方、ムガル軍が南への軍事的な活動を深め、在地勢力と衝突を重ねるころ、新たにヨーロッパ勢力、つまりイギリスがインドへの道を開拓していた。この新勢力のインドへのアプローチは、またとない絶好の機会になされた。すなわちインド側は一六世紀から一七世紀にかけて相互の利害対立だけが先行していて、自らの立場を結集する条件を欠落させていたからである。

中世インドの文化

異文化の出会い

政治的にはイスラーム支配はインドに封建社会をもたらしたが、文化的には全体としてインド文化をいっそう多彩なものにした。それはあえていえば、文化と文化との間の凄まじい邂逅《かいこう》の所産というべきものであった。さしあたり上からのイスラーム化、つまりペルシア化が進むことになった。その公用語は長い発達の歴史をもつペルシア語であった。一説では、インドの中世文化とはインド・イスラーム文化である。しかしながらバクティ運動などを重視する立場からすれば、中世インド文化と概括した方が違和感も残らない。

首都デリー　デリーの歴史は中世インドに溯る。首都はデリー・スルターン期とムガル期、さらにイギリス時代と独立後を含めると、八つの歴史を重ねている。デリー・スルターン期の遺跡は全デリーに点在している一方、ムガル期の城塞はラール・キラー（赤い城）を含め、やはり全デリーに広がっている。ヤムナー川沿いのこの都市は、初期の時代から今日までその様相を大きく変えている。セクレタリアートとよばれる政府機関、シヴィル・ラインズとよばれる官庁街、キャントーンメントとよばれる軍駐屯地の三条件が、植民都市の骨格として出揃うのはイギリス時代で、デリーもその例外ではなかった。オールド・デリーとニュー・デリーの区別は消滅し、今日ではヤムナー川が首都を貫く様相を呈している。なおこのデリーはヒンディー語ではデーヘリーと発音するが、デイッリーとはウルドゥー語の発音方式であり、英語ではＤＥＬＨＩと書き、デリーと発音する。

史　書　この時代の史書としては宮廷史に関連してトルコ文学史上の傑作でもあるという『バーブル・ナーマ』や、ペルシア語の『アクバル・ナーマ』などがある。とくに後者との関連では、アクバル時代の優れた歴史家であったアブール・ファズル（一五五一〜一六〇二）は『アクバル・ナーマ』を著わした。その内容は、アクバル期のトーダル・マルの経済建議の評価や経済政策の分析にあった。また『アーイーネ・アクバリー』はアクバル期の分析の要約であり、『アクバル・ナーマ』の一部であった。そのほか、アブール・ファズルはインドの歴史家としては、アリストテレスやプトレミーを知る文字通り群を抜いた存在であったといわれている。

民衆思想

さらにこの時代の民衆史との関連では、多くのスーフィーやバクティ運動の思想家たちの足跡が全インド的な視野で系統的に追究されるべきである。これまで包括的な研究が進んでいるわけでもないし、記録として発掘され、刊行されている点数は多くはない。しかしそのなかでトゥルスィーダースの『ラーム・チャリット・マーナス』（一五七四年頃）は、北インド中世におけるヒンディー語世界で古典的な位置を占め、シクの教典といわれている『グラント・サーヒブ』（一五五五年）も、パンジャービー語の不動の地位を築いている。またマラーター地方では、ジュニャーネーシワルによりマラーティー語の『ジュニャーネーシワリー』（一二九〇年）という宗教文献が誌された。これは『バガヴァッド・ギーター』に依拠したもので、マラーティー語文学史、思想史の原点をなすとみなされている。

また中世南インドのケーララ地方ではシャンカラ（七〇〇〜七五〇）が現われ、哲学の

図13　ラーダー女神とクリシナ男神（カーングラ派）の愛の語らい
(F. Robinson, ed., *The Cambridge Encyclopedia of India and Pakistan*, Cambridge : Cambridge University press, 1989, p. 474)

分野で多くの著作を残した。かれは『バガヴァッド・ギーター』の注釈のほかに、シャンカラ哲学をめざす著作を著わし、輪廻《りんね》からの解脱《げだつ》を説いた。かれの意図は、『ウパニシャッド』に立脚したヴェーダーンタ哲学の再構築にあったといわれる。後世にかれが与えた影響は大きく、その派のマットとよばれる僧院はとくに南インドに数多くみられる。

美術と音楽

また中世美術の分野ではミニアチュール、つまりインド細密画の開花が指摘されよう。具体的には一六世紀半ばフマーユーン王の時代、イランからの画家の招待が始まり、アクバル時代に最盛期を迎えた。そこではペルシア語による写本の挿し絵として王侯、貴族が描かれ、のちには肖像画、動植物画や日常生活画へと対象が拡大した。さらにムガル支配が北インドから周辺地域に及ぶ過程で、地方色の強いグループがいくつか生まれた。それらのなかで北部のカーングラ派、西部のラージプート派や南方のデカン派などの活動が注目されている。

デリー・スルターン朝の樹立を機に、北インドにヒンドスターニー音楽、南インドにカルナータカ音楽の二派が生まれた。前者は中央アジアやペルシアの両音楽の影響を受けて発達し、打楽器のタブラー（小型の太鼓状のもの）や弦楽器のシタールを主要楽器として歌手が歌うという形式をとった。一方カルナータカ音楽は南インド四州で圧倒的な支持層をもっている。その音楽には南インドの地方色がありながらも、前者と比べていっそうヒンドゥー的、古典的な様式を特徴としている。具体的にラーガ（メロディー）やターラ（リズム）がいずれも独特の約束と原則とをもっているのが、両音楽の特徴である。

建築

デリーの近郊アーグラーのタージ・マハル廟は一六三二年に起工され、一六五三年に完成した。「大理石の夢」と絶賛された俗称タージは、当時の建築費用で五〇〇〇万ルピーを要したという。一説ではその建築者はウスタード・アフマッド・ラーホーリーなる人物である。寺院建築ではデリー周辺のデリー・スルターン朝時代からムガル朝に及ぶ、絢爛たるイスラーム建築の遺跡が注目されよう。今日、この地域を訪れることで、マスジッド（メッカに面するムスリムの礼拝堂）を中心とする、イスラーム建築に集約される当時の専制権力の栄華を思い知ることができる。また、デリーのクトゥブ・ミーナールは、ムスリムに対するアザーンなどの祈りをよびかける大塔として一三世紀はじめに完成した。

サーリーの誕生

男性が着用するドーティー（腰巻き）は古代から使用されたものであろうが、一一世紀頃アラブの旅行家ビールーニーはこの様子を「ヒンドゥーはターバンをズボン用に使用している」と驚きをこめて書いている。興味あることにパジャマーはもともとインドに端を発した言葉である。シャルワールとよばれるズボンや、カミーズとかクルターとよばれるシャツ類は、ヒンドゥーとムスリムといった宗教上の差を超えて男性の間で着用されるようになった。デリー・スルターン期の絵画に描かれた女性をみると、その様子は今日のインドに驚くほど似ている。ところで女性愛用のサーリーの起源は定かではない。西アジアからの伝播説もあるが、一〇世紀頃から一枚の布地で体にまとうようになったという。ベンガルなど東部地方では、「ふち」染めだけの白地のサーリーが愛用されるのと対照的に、そのほかのインド全域では全体を色模様で仕上げたものが一般的である。

イギリスの植民地時代

支配と抵抗の相剋

イギリスのインド進出

東インド会社の成立と展開

イギリスの東インド会社は一六〇〇年一二月にロンドンに本拠を置いて発足した。それはインド、東南アジアを対象とする、イギリスの貿易独占会社の成立を意味した。当時、ポルトガル勢力がイギリスよりはるか以前からインド各地に交易の拠点をもっていた。他方、植民地経営の面では後発のフランスも、一六七三年の南インドのポンディシェリーの確保を手始めにインドに進出した。一七世紀を通じて、商事会社である東インド会社の主要な任務は、何よりもまずポルトガルとのインド各地での抗争と勝利、ならびに三都市、マドラース（一六三九年）、ボンベイ（一六六八年）やカルカッタ（一六九六年）との交易、港湾都市としての開発にあった。

一七〇九年、イギリスはボンベイ、マドラースとベンガルの三地方を管区（プレジデンシー）として設定し、インドからは、もっぱら香辛料、綿花、ジュート、インディゴ（藍）や硝石が輸出された。ついで一八世紀前半、英仏抗争が起こるべくして起こった。抗争は、第一次カルナータカ戦争（一七四四年）から第二次戦争（一七五一年）をへて、第三次戦争（一七五八年）へと主に南インドで展開されるが、その決着は以下のベンガル地方を舞台にしてつけられる結果となった。時のフランスのインド総督はデュプレックスであった。

プラッシーの戦い

一七五七年六月、イギリスはフランス軍と組んだベンガル太守シラージ・ウッダウラを撃破して、ベンガル地方を事実上掌握した。太守はムガル朝のベンガル地方での実質上の代表権者であった。フランスのインド支配に終止符を打つ結果となったこの戦争は、プラッシーの戦いとよばれている。これでイギリスはベンガルのみならずインドの主要地域を制覇した。一七六五年、ベンガル知事となったR・クライヴは、ムガル朝からベンガル、ビハールやオリッサのディーワーニー権と一括されている徴税権と司法権を確保した。イギリスの勝利を機に、インドは英仏など各国が利権を競う半植民地的な地位から、イギリスだけが一国支配をおこなう植民地的な地位に転落したことになる。

この段階で依然としてイギリス側と対抗する現地の三勢力といえば、北のシク、西のマラーターと南のマイソールであった。ムガル朝はもはや形骸のみを残す遺物にすぎなかった。一七六七年以降、イギリスはまずマイソール戦争を皮切りにして、一七九九年まで、前後四回にわたって戦争が繰り返された。この戦争には、隣接するマラーター勢力とイギリス側との三回に及ぶマラーター戦争が時期的に重なっている。またイギリス側とシク勢力との対決は、一九世紀半ばまでもち越され、インド大反乱の直前の戦争でイギリスが勝利した。いずれもイギリス側が個々の局地戦では敗退する場合があっても、全体としては征服者の地位を組み上げていった。この背景には、イギリス側がインド側の諸勢力の分立と抗争を巧みに利用して、武力面での優位性を一貫して保持していた事情があった。

政策転換と補助同盟関係

一七六〇年代から、イギリスでは産業革命が進行し、しかも自由主義思想に基づく植民地経営のあり方が問われ、東インド会社の貿易独占に対して厳しい批判がなされるにいたった。一七七四年、イギリス政府による植民地行政への関与がなされ、W・ヘースティングズが初代ベンガル総督に就任した。さらに一八一三年には東インド会社の特許状法によって東インド会社の貿易独占権は若干の例外を除き廃止された。これらの背後には新興のイギリス産業資本の要求が存在していた。一八三四年、新たに導入された初代インド総督にはベンティンクが就任している。続いて、一八三三年の新特許状法では東インド会社が行使してきた茶と中国貿易についての独占権も最終的に廃止されたが、その背景には、新興のイギリス産業資本の強い要求があった。この新法は「インド統治法」ともよばれ、その後に展開されるイギリス政府のインド支配の法的な根拠となった。また一八五三年には従来の東インド会社勤務の契約官僚制度は、公開試験に基づくインド文官職（ICS, Indian Civil Service）にとって替わった。大きな政策転換が植民地行政の人的な側面でも必要とされた。

イギリス当局によるインドの植民地化は、個別の在地領主勢力との間で軍事的補助同盟の締結を通じて進められた。インド内の領主国家（後の藩王国）は、補助同盟の締結に基づき駐屯するイギリス軍により「侵略者」から防衛される。その見返りとして特定国は東インド会社に補助金、または貢納金を支払う。こうした保護と被保護関係は、現実には被保護国が外交権を喪失し、イギリス側から巨額の軍事費負担を要求されることになる。その最初の事例は一七九八年のハイダラーバードであり、それはイギリス側の併合化戦略に簡単に取り込まれた。イギリス側のこうした戦略はインド各地で採用された。

新地税制度の導入

イギリスによる植民地経営の中心は地税収入にあった。そのためにイギリスは、一七九三年に地租を永代に固定するザミーンダーリー制度をベンガル・ビハールに導入した。また一八二〇年頃には、マドラース・ボンベイの両管区に地主を介さず農民から直接とりたてるライーヤットワーリー制と呼ばれる地税制度を導入した。さらにこれと同じ頃、ウッタル・プラデーシャやパンジャーブにはマハールワーリー制度が施行された。

イギリスによる地税の徴収は、インドからイギリス本国への富の「流出」の中心をなしていた。ベンガル地方の場合、これで領主的な大地主のザミーンダールを近代的な地主とみなして土地の所有権を認め、かれらから定額税の徴収をはかった。この方式は一見安定しているようでいて、大きな変化をインド社会にもたらした。この制度で大半の耕作農民の占有権は消滅して、その半プロレタリア化が促進された。また地主もイギリス当局への地税納入が滞るや、所有権は失われるわけで、農村の階層分化を促す要因となった。

南インドの場合、ベンガルのような大型の地主制が存在しない事情から、村落内の富裕農民を地主として認定して、かれらから直接地税徴収を意図した。その場合に地税額はベンガルの場合とは違って、三〇年ごとに改訂された。また北インドの場合には村落や地区

（マハール）を基準にして、そこでの共同体の成員に地主を設定して、その機構から徴収する方法が採択された。このほか、グジャラート地方でも新徴税制度が採用された。

イギリス側が導入した地税制度の本質は、その名称は地方によって異なるとはいえ、現地インドに一連の中間者層を創出する点にあった。かれらはインド政庁とインド人耕作者との間で仲介者的な集団として行動し、イギリス当局者が依拠する封建的な領主の補完集団を形成した。

ネイボッブの世界

プラッシーの戦い以後、汚職や役得で途方もない蓄財をして、イギリスに帰国した新興の成金者がいた。この東インド会社の社員は人びとによってネイボッブとよばれた。この言葉はインドのナワーブ（太守、旧領主）に由来する。この集団は、イギリス本国で土地を購入してその収入で生活を享受する、ジェントルマンの地位を望んでいた。こうした集団が植民地支配の落し子として、時の話題を独占した。実はかれらこそはイギリス型のオリエンタリズム、つまりインドを中心とする東洋社会への無知と偏見を作り出す実働部隊をなしていた。

現地資本主義の形成と展開

一般に、植民地経済とはモノ・カルチャー（単一商品作物栽培）経済を意味し、「缶切り」一つさえ製造する工場をもたぬ、惨めな農業経済を指している。その観点からすれば、一九四七年の独立時を基準にしても、インドはイギリスの長期にわたる植民地支配の下に置かれながら、他の植民地諸国の場合とは異なる資本主義の高度な発展を遂げた。

産業資本への道

一九世紀半ば、インドはあらゆる意味で転換期にあった。経済史の分野で注目されるのは、パールシー（拝火教徒）商人により綿工業が導入されたことである。かれらは八世紀にイランでの弾圧を逃れ、来印した。パールシー商人やマールワーリー商人はムガル朝や東インド会社の御用商人として営々と自己の立場を固めてきた。在来の商人、商業資本家が新しく物を生産する分野に転換した事実は、かれらが植民地的な条件の下で産業資本家へ転化したことを意味した。当然、かれらはイギリス側から有形無形の妨害を受けるとともに、やがてはインドの民族独立運動と不可分の関係を作り出すことになった。

最初の綿工場は一八五四年にパールシー出のC・N・ダーヴァルによりボンベイに建設され、一八五六年には生産を開始した。かのインド大反乱の前年のことであった。これが成功するや、工場設置が相次いだ。これらの工場は当初紡績工場であって、織物工場ではなかった。一八六〇年代末には在地のパールシー系のターター資本もまた綿工業部門に資本投下をおこなっている。ここで製造された綿糸は主として中国に輸出され、英国のより糸を追放した。一八五〇年代の活気

図14　インド資本主義の先覚者
J・N・ターター（1839〜1904）
（R・M・ララ『富を創り，富を生かす：インド・タタ財閥の発展』黒沢一晃他訳，サイマル出版会，1991年）

は、アメリカの南北戦争によって原綿不足が生じると突然消滅したが、一八七〇年代に入ると活気が戻り、一八七二年から一八七八年にかけて新たに三二の綿織物工場が設置された。いうまでもなく、紡績工場のみならず織物工場をも含めての話であった。一八八〇年代、東アジア市場で新興の日本製綿糸と競合して、インド綿糸が商品として破れると、インド国内では企業家の間に織物業の振興への関心が一挙に進んだ。

帝国主義期　一八七〇年代以降の帝国主義時代は、インド資本とイギリス資本の競合と補完という二つの側面が浮上した時代でもある。一八六九年のスエズ運河の開通は、イギリス帝国による「富の汲み上げ」を基軸とする帝国主義支配の展開にとって、一大転機となった。

まず、インド綿工業の所在地はボンベイからしだいにインド各地に拡大していった。第一次世界大戦後になると全体の三分の一がボンベイ、さらに三分の一がグジャラート地方のアムダーヴァードに、残りがインド各地に広がっていた。そのなかで南部のマドラースや北部のカーンプルが注目すべき新興工業都市であった。その上、この時期には鉄道投資が一層進んだ。一八五三年にはじめて、ボンベイとターナー間に鉄道が開設されたが、人と物の移動が急速化するなかで、鉄道網は拡大の一途をたどった。この鉄道網の総距離数は、第二次世界大戦後のインド独立時にはアジアで最大の規模を有するまでになった。

一方、二〇世紀初頭、新興のインド資本主義発達史で画期的な事態が生まれた。まず製鉄業の開始である。一九〇七年八月、ベンガル分割反対運動の一つのスローガンであるスワデーシー（国産品愛用）に応じるかのごとく、ターター鉄鋼会社がビハール州のジャムシェードプルで発足した。当主J・N・ターターははじめイギリスで資金を確保しようとしたが、英国側の妨害で徒労に終わった。インドに帰国後、国内の各層に対して幅の広いアピールが功を奏して、目標額二三一七万五〇〇〇ルピーが達成された。その投資家は藩王国の藩王を含めて七〇〇〇人に達したという。

さらにこの時期、インド綿工業もまたスワデーシー運動に乗じて国内市場向けの綿糸生産を向上させた。東アジア市場からの締め出しを機に、その活動方向を転じたものである。イギリス製品は広大な国内市場における需要を到底満たすことはできず、インド製品は価格の点でもイギリス製品に十分に対抗することができた。

二つの世界大戦

鉄鋼業の例を引用するまでもなく、戦争はインドの資本主義の発展にとってプラス要因となった。第一次大戦の場合、独立運動の主体であるインド国民会議派は戦争協力の方針を明らかにしていた。インドの資本家集団がこうした動きを巧みに利用したことはいうまでもない。第二次大戦時の場合には、会議派は終始戦争の非協力路線を堅持しているなかで、インドの資本家階級は驚くべき戦時利潤を上げた。しかも一九四四年には、独立インドの経済的な将来構想をボンベイ・プランという形で発表している。それは総体として強化されたインド資本の立場を端的に示していた。

鉄鋼業がいわゆる離陸段階を迎えるのは第一次大戦時であった。戦時の需要に応えて鉄鋼生産は三・一万トン（一九一三年）から一八・一万トン（一九一八年）に増大し、この段階で国内需要の半分を満たしていた。またジュート工業と綿工業も戦争景気で沸き返っていた。イギリス資本系のジュート工業の純利益は、二四五〇万ルピー（一九一三年）から一億二二九〇万ルピー（一九一九年）に急上昇していた。さらに綿工業部門では一〇〇％以上の配当金を支払った企業も珍しくなかった。戦争開始とともにイギリス本国からの商品、とりわけ綿製品の対インド輸出は完全に停止され、その分インド資本の活動に十分な機会を与えていた。

第二次大戦期、インドはイギリスとの関係では従来の債務国から債権国の地位へと上昇した。こうしたインドの全般的な地位の変動と対照的に、イギリスの地位の凋落には著しいものがあった。第一次大戦の際と同じように、イギリスは植民地の人的、物的な支援を抜きにしては戦争を遂行できなかった。とりわけ第二次大戦期にはその空前の規模のために、宗主国イギリスは植民地インドから莫大な借金をすることになった。インドの資本家階級はすでに一九二七年にインド商工会議所連合を発足させ、その結束と統一を強化していた。戦争期、外国製品の輸入が途絶え、戦争需要が急増した結果、綿工業を含むインド企業全体は一段と発展する機会を捉えた。とくにターター、ビルラーやダールミアーといった大資本の立場は一段と強化された。ターター企業体は綿工業や鉄鋼業に加えて化学、電力、航空、鉄道、保険やホテルといった諸分野に資本の拡大と投下を行った。同時にそれは銀行業にも食指を伸ばしている。

インド資本家の心意気

一八六七年の明治維新後、近代日本は綿工業資本の発展を土台にして富国強兵の道をひたすら歩き始めた。その綿工業にとってインド綿の輸入は不可欠であった。すでに一八七〇年代からインド綿糸輸入がなされているが、一八八九年、印度綿業使節団が訪印し、かのターター資本との接触がなされて以後、R・D・ターターの訪日が実現された。一八九三年、かのターター家の創業者J・N・ターターが来日して渋沢栄一らと会談、ボンベイ航路を高運賃で独占するP&O（イギリス系）に対抗する措置が協議された。一八九三〜九五年まで、ターター資本と日本郵船との共同運航がボンベイと日本の間で実施され、実質二割安の運賃での輸送が実現された。中国市場では、日印間で綿糸売込は競合関係にあり、インド側の敗色は濃かった。その現実を踏まえた上で、インド側は綿糸と綿花の安定供給を意図して日本との間に新運航路の導入をおこなった。

社会改革運動から大反乱へ

インド側の対応

イギリス植民地支配に対するインド側の反応は多様な形態をとった。すでに述べたように、シクやマラーターのように地方の封建領主の対英抗争の場合があった。またベンガル地方では都市の中間層による宗教・社会改革運動が植民地的な現実に対応した。同時に一九世紀半ば北インド一帯に展開されたインド大反乱のように、東インド会社のインド人傭兵が公然とイギリス支配に武力抵抗を挑んだ場合もあった。

ブラフモ協会運動

一九世紀前半の注目すべき動きとして、ベンガル地方に展開されたブラフモ・サマージ（協会）の運動を誰もが指摘しよう。神の協会という意味をもつこの運動は、担い手として例のザミーンダーリー制度の導入により創出された新興の中間地主層を母体としていた。同協会は一八二八年にカルカッタに設置され、主要な指導者はラージャー・ラームモーハン・ローイ（一七七二〜一八三三）であった。当時ベンガル地方はイギリス支配の拠点であり、カルカッタは事実上の首都行政の中心であって、結果的にはインドの先進地帯でもあった。

ブラフモ協会は偶像崇拝、バラモン絶対化思想や寡婦殉死（サティー）のような野蛮な慣習に反対した。ローイ自身はバラモン・カーストの出であったが、イギリス文化との接触を通じて、キリスト教をじっくりと学び、聖書のベンガル語訳を試みたりもした。かれはキリスト教が説くヒュマニティー（人間愛）の意義については称賛しつつも、その教義の受容は拒否した。かれは偶像崇拝の否定は必ずしもヒンドゥー教の否定を意味しないとして、人びとのキリスト教への改宗という時代の風潮を批判した。そしてかれはインド人の誇るべき伝統として、『ヴェーダ』文献の重要性を説いた。以後半世紀にわたって、この運動はベンガル地方の都市中間層の間で著しい発展をみた。

さらに一九世紀後半には、同種の社会改革運動がインド各地で展開されている。つまり一八六七年にはボンベイで、かのブラフモ協会運動の指導者であるケーシャブ・チャンドラ・セーン（一八三八～八四）の影響の下で、プラールタナー・サマージ（祈禱協会）が発足した。その目的はブラフマ・サマージと同様で、社会改革を推進するところにあった。

他の宗教・社会改革運動

また一八七五年には、スワーミー・ダヤーナンド・サラスワティー（一八二七～八三）によってボンベイでアーリヤ・サマージ（アーリヤ協会）が設立された。この協会はボンベイはもちろん、むしろ北インドのパンジャーブやウッタル・プラデーシ地方で、とりわけヴァイシャ・カースト集団の間で強力な支持層を確保した。そこではヴェーダ学習の開放、偶像崇拝の否定、幼児婚や男女差別、サティーの否定などがなされていた。同時に各種の社会事業に対して積極的な取り組みがなされ、今日なお大きな社会的影響をもっている。ブラフモ協会がバラモン中心の組織であったのに対して、この組織はヴァイシャなど非バラモンの集団によって運営されてきた点に特徴がある。

こうした運動の延長線上には一九世紀末の神智協会運動が確かめられ、その中心にはヘレン・ブラヴァツキー（ロシア人女性）、オルコット大佐（アメリカ人）やアニー・ベズン

図15　インド大反乱（北インドのカーンプル）

（中村平治『南アジア現代史 I インド』山川出版社，1991年，35ページ）

ト（イギリス人女性）などがいた。最後のアニー・ベズントは第一次大戦期にインド自治連盟を作り、ロークマーンヤ・ティラクらインドの政治家との接点をもった。

インドの大反乱

一八五七年五月はじめ、北インドのイギリス軍の駐屯地メーラトでインド人の兵士が差別の撤廃と待遇の改善を求めて、イギリス軍の上官に反乱を起こした。いわゆるセポイの反乱である。この反乱はインド人傭兵だけではなく、都市住民や農民を巻き込んだという点から、インドの大反乱と一般によばれるようになった。ちなみにセポイとは北インドの民衆語であるウルドゥー語のスィパーヒー（兵士）に由来する。この反乱には民衆的な観点から第一次独立戦争といった名称も与えられている。

前提

その原因にはイギリス植民地支配に対する民衆の積年の批判があった。何よりもまず、利益を上げるためには手段を選ばぬ植民地的な収奪や、インド民衆を人間として扱わない徹底した差別に対する怒りがあった。前者の例では阿片《アヘン》の栽培とその中国への輸出があった。さらにはカラード（有色人種）としてのインド人に対するイギリス人の差別は、軍隊の内部でも日常茶飯事であった。もっとも兵士たちは目前の差別に抗議して立ち上がったのであって、植民地支配のメカニズムを認識した上で反乱したのではなかった。

また反乱の直接的な契機は、イギリス軍によるエンフィールド銃の採用であった。この銃には弾薬包に牛と豚の脂が使用されていると伝えられ、ヒンドゥーとムスリムの両兵士はタブーとしてこれを拒否した。牛はヒンドゥーにとり聖なるもの、豚はムスリムにとって不浄なるものである。この時、新式銃はイギリスにとってトラブル・メイカーとなった。

経過

反乱はメーラトからデリーへ、さらに北インド各地の軍事拠点にまたたくまに拡大していった。デリーへ進軍したインド軍は、ムガルの王バハードゥール・シャー二世を擁立した。一方、北インドのカーンプルやラクナウーの戦闘ではインド軍が勝利を収めている。また農村地帯では、しきりとチャパーティー（小麦粉を水でこねて薄焼きにしたもので、北インドで常食とされる）が村から村へと回された。それは農民と兵士との間の連帯を強化する象徴的な出来事でもあった。さらに反乱にはアワド地方の地主や、ジャーンシー藩王国の女王ラクシミー・バーイーも参加してイギリス軍を脅かした。このように反乱は東インド会社の傭兵だけではなく、農村の各層や都市住民からなる一大民族的な反乱であった。

一時、敗色の濃かったイギリス軍は一八五八年から反撃に転じ、各地でインド軍を撃破した。インド軍は各地でゲリラ戦に転じて、イギリス軍に打撃を与えた。しかし、全体として反乱軍はしだいに一つまた一つと敗北を重ね、一八五九年四月、反乱軍の一方の雄のターンティア・トーペーの投降によって、大反乱はここに終結した。

終結とその後

反乱はイギリスのインド支配を根底から揺さぶった。この民衆反乱を過小評価したいのはイギリス人側植民地主義者であった。だからこそイギリス側によってセポイの反乱などという表現が使用されてきたが、民衆の各層による抵抗は文字通り民族的な抵抗であって、インド史上の転機となった。それは後に独立運動に参加する人びとに無限の勇気と自信を与えた。その反面で反乱側には弱点もあった。反乱軍は全軍的な統一した指導部をもたなかったし、インドの独立といった明確な反乱目標も設定されていなかった。さらには、デリーに進軍した兵士が落日のムガル王を担ぎ出すといった喜劇的な状況もあった。ちなみに、イギリス政府は例のエンフィールド銃を幕末日本の長州藩へ売り込むのに成功している。

他面で、この反乱を機に対インド政策に転換がみられた。まず一八五八年、東インド会社は廃止され、インドはイギリス人総督を戴く、インド政庁の直接支配下に置かれた。またインド政庁は従来の藩王国併合の政策から、大小五〇〇以上の藩王国の温存政策に転換した。この藩王国がインドの政治家によってイギリスのインド支配の「砦」と認識されていたのも確かである。さらにイギリス側は大反乱の真最中にボンベイ、マドラースとカルカッタに大学を創設したほか、経済政策の面で若干の「譲歩」政策が採用された。

帝国主義下のインド

会議派の創立

大反乱後、インドでは全インド的な政治フォーラムを作る動きが活発化した。まずイギリス人のなかには、長年インドで勤務した退職官僚であった自由主義者A・O・ヒュームがいた。インド人有識者としては、イルバート法案に反対した全インド国民協議会に集う人びとであった。ベンガル出のS・バナジーがその先頭にあった。また、会議派第二回大会議長となるボンベイ出のパールシー系政治家ダーダーバーイー・ナオロージー（一八二五〜一九一七）も、新組織に大きな期待をもった。

一八八五年一二月、インド国民会議派の創立大会が商工都市ボンベイで開かれた。初代議長はベンガル出の法曹家W・C・バナジーであった。そこで採択された目的はインドとイギリスの友好の促進にあった。他方で、大会決議はインド政庁に対する政策批判を含んでおり、具体的には行政制度の改革、軍事費の削減や輸入綿糸関税の再導入などであった。ここには植民地インドと帝国主義国イギリスとの友好を願うなど、後からみれば不可解な目的の設定がなされていた。それもこれも、この段階での英印双方の合意した立場を反映するものであったが、その決議が示すように会議派の発足は一八六九年のスエズ運河開通などを条件とする、帝国主義時代の開始へのインド側の批判的な対応を意味した。それはインド初の政党、厳密には幹部（エリート）政党の船出である。以後、会議派は政党とし

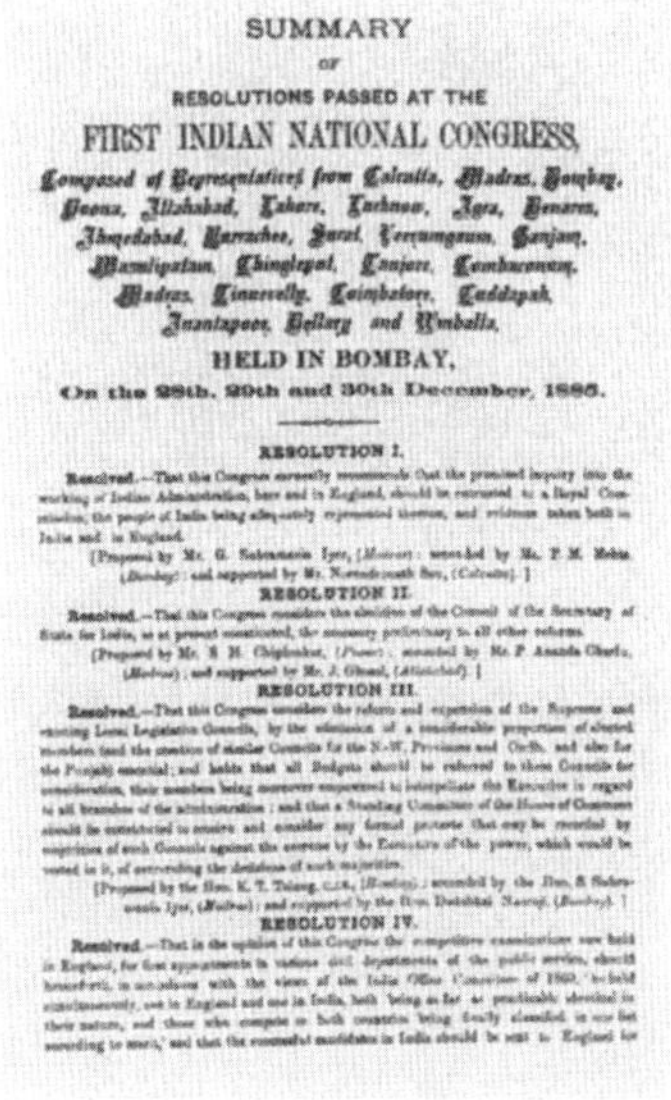
SUMMARY
OF
RESOLUTIONS PASSED AT THE
FIRST INDIAN NATIONAL CONGRESS,
Composed of Representatives from Calcutta, Madras, Bombay, Poona, Allahabad, Lahore, Lucknow, Agra, Benares, Ahmedabad, Kurrachee, Surat, Veerumgaum, Ganjam, Masulipatam, Chingleput, Tanjore, Kumbaconum, Madura, Tinnevelly, Coimbatore, Cuddapah, Anantapore, Bellary and Umballa,
HELD IN BOMBAY,
On the 28th, 29th and 30th December, 1885.

RESOLUTION I.

RESOLUTION II.

RESOLUTION III.

RESOLUTION IV.

図16　インド国民会議派創立大会の決議文（1885年）

（F. Robinson, ed., *The Cambridge Encyclopedia of India and Pakistan,* Cambridge : Cambridge University Press, 1989, p. 124）

て年末に一度、場所を変えて大会をもつ方式を慣習化した。

民族分断と軍事遠征

大反乱以後、帝国主義時代を迎えたインド政庁は矢継ぎばやに周辺地域に居住する民族の分断政策と、インドを起点とする隣接地域への軍事的な侵略を強化した。すなわち軍隊の強化政策が取られ、戦争種族起用論に基づきネパールのグルカー、パンジャーブのシク、マハーラーシトラのマラーターなどがイギリス軍兵士の募集対象とされた。エスニシティー（少数種系集団）を単位とする軍隊の再編成がそれである。大反乱に直面したイギリス軍は、こうしたモザイク状の軍隊編成を通じて帝国主義侵略を遂行した。かくてヴィクトリア女王のインド帝国の成立宣言（一八七七年）とも関連して、英帝国はその一環としての英領インドのアイデンティティ、つまり一体性の確立が急務とされた。

最初に指摘すべきは、イギリスによる英領インドの強制的な国境線の確定が、一八七二年に英領インドとイランとの間でなされた事実である。その国境線は、条約のイギリス人署名者の名前からゴールドシュミット・ラインと呼ばれた。その結果、バローチスターン（現パーキスターン）のバローチ民族は英領インド、アフガーニスターンとイランに三分断された。当のフレデリック・ゴールドシュミットは軍人であった。それはどこからみても帝国主義時代の開幕を告げる分割支配政策、つまり民族分断政策の実践であった。また第二次アフガン戦争（一八七八～八〇年）では帝政ロシアの「南下」政策が阻止された上、一八九三年には英領インドとアフガーニスターンとの間の条約で、デュアランド・ラインとよばれる国境線が確定された。英人モーティマー・デュアランドはインド政庁の最高の外務担当者であった。かくてカイバル峠を往来して生活してきた、パシュトゥーン民族は英領インドとアフガーニスターンに分断された。イギリス側の目的は、英領インドと帝政ロシアとの直接接触を避ける「緩衝国」として、アフガーニスターンの地位を固定化するところにあった。

インドを起点とする軍事的な侵略行動は、主として北東と北西に集中していた。まず一九世紀の前半では第一次ビルマ戦争と第一次アフガン戦争が進められ、一八五二年には再びビルマ戦争が起き、ビルマ侵略は公然化された。会議派創立大会が開かれた年、イギリス・インド軍はスーダーンのマフディーの反乱の鎮圧のために派遣される一方で、第三次ビルマ戦争を通じてイギリスによるビルマの併合が達成された。イギリス・インド軍の国外派兵はさらに促進され、二〇世紀初頭には中国の義和団の乱に関与した。続けて中国への牽制として、イギリス軍のチベット遠征（一九〇三～〇四年）も試みられている。なおこれを背景にして、英中チの三代表の出席のもとに中印間の国境問題を議題とするシムラー会議（一九一三～一四年）が開催された。しかしながら中国代表が中途で退席したまま、英・チの両代表の間で、一九一四年にマクマーオン・ラインがヒマーラヤ山脈の分水嶺沿いに設定された。会議へのイギリス側代表は、ヘンリー・マクマーオンであった。

会議派創立大会では軍事費が問題とされているが、これはその後の会議派大会で継続的に議題となった。これらの費用はロンドンで本国費（植民地運営費）の一部として国家予算に計上され、しかもインド政庁の重要な負担事項であった。

農民の抵抗　大反乱後、インド政庁は農業政策の面では一定の地租固定策や小作権保護を打ち出していた。しかしイギリス側の地租収奪は一段と強化された。一九世紀の後半、インド各地には以下の諸形態をとる個々の農民抵抗が切れ目なしに展開されていた。

まずベンガル農民の抵抗（一八五九～六二年）では、藍栽培の農民がイギリス人プランター（農園経営者）に抗議して立ち上がり、抵抗は河川の集中するデルタ地帯一帯に広がった。プランターは人種的な横柄さと法の無視により、農民たちの憎悪の対象と化していた。もともとベンガルでは、ファラーイジー派のムスリム農民のヒンドゥー地主との抗争の前史があり、今回の参加者の大半はこの派の農民であった。かれらは職場放棄やデモを試みた。この抵抗はやがて地代不払い運動に転化し、守勢のヨーロッパ系とベンガル系の両ザミーンダール（地主）は、小作人の追い出しにかかった。争議の結果、一八五九年の小作法の改正によって若干の小作権保護の措置が講じられた。ところで藍需要は一八五〇年代に急落し、この藍の反乱（ブルー・ミューティニー）はその生産に終止符を打った。

また一八七〇年代、農民対地主の抗争が激化した。要求では地代の固定化、小作権の保護やさまざまな封建的抑圧の廃棄が提起されていた。その中心は中部ベンガルであったが、アワド（一八六〇年代）やラージャスターン（一八九七年）などにも広がった。一九世紀半ば、そこでは大地主の領有地が相続を通じて細分化していた。現金需要が増大して地主が土地の切り売りを余儀なくされ、地代の値上げが一挙に進行していた。一八七九年、イギリス側は地主・小作関係の再検討に着手し、一八八五年の法律では地主の反対を押し切って条件付きで占有小作権が承認された。一方南インドのケーララ地方では一九世紀前半から後半にかけて、ヒンドゥー地主に対するマーッピラ（ムスリム農民）の地代不払いの抵抗が進んだ。こうして、一九二九年にようやくケーララ農民に占有小作権が与えられた。

次に農民の高利貸し（サーフーカール）への抵抗が指摘される。一八七五年、西部インドのマハーラーシトラ地方では農民による反高利貸しの抵抗が進められた。穀物業者兼高利貸しは農村地帯の一つの特色でもあるが、イギリス支配下でかれらの地位は強化されてきた。つまりイギリスが新しく施行した法律上、高利貸しは個々の農民を裁判所に出頭させ、負債を帳消しにするため強制的に農民に土地を売らせることを可能にした。イギリス側は裁判で書面での証拠主義を重視していた。農民にとって書類作りは苦手であったが、高利貸し側にとっては朝飯前のことであった。一八七五年、プネー近郊のある村で農民が決起集会を開き、高利貸しを襲撃し、略奪がおこなわれ、家屋に火がかけられ、主に借金証書が焼かれた。この場合、高利貸しはグジャラーティーやマールワーリー系であった。

さらに農民対徴税人の抗争がある。政府の徴税人への地租不払いについてはムガル朝期の農民は逃散、または武装抵抗の手段にでた。この段階での地租の過重負担への抗議（一八七三〜七四年）はボンベイ管区でみられた。そのうえ、世紀末の大飢饉（一八九六〜九七、一八九九〜一九〇〇年）は農民の惨状を激化させた。ここでも農民は地租不払いの挙にでた。一般に徴税人は免税、減税の特別措置をとることに難色を示していた。これと対照的な事例がパンジャーブでみられる。この地方では土地譲渡法（一九〇〇年）が施行されているが、チェーナーブ川運河入植地の農民は用水税の引き上げに抗議して不払い行動にでた。政庁側はパンジャーブという伝統的な兵士のリクルート地での紛争の発生と持続を忌避して、農民側に総じて妥協的な対応を示している。

ベンガル分割反対運動

一九〇五年七月、インド総督G・N・カーゾンは、突如ベンガル州の東西分割案を発表し、一〇月に実施した。理由は同州が大きすぎて行政上不都合が生じているとされた。実際は、インドの先進地帯であるベンガルの政治活動の発展に当局側が危惧の念を抱いたからである。その主眼は東部のムスリム・ベンガル人の多数地域と西部のヒンドゥー・ベンガル人の多数地域との間に楔を打ち込むところにあった。

計画が発表されるや、ベンガルはもちろん、インド全域で抗議の火の手があがった。人びとからラール＝バール＝パールと愛称されたパンジャーブのラージパット・ラーイ（一八六五〜一九二八）、マハーラーシトラのB・G・ティラク（一八五六〜一九二〇）と地元のB・C・パール（一八五八〜一九三二）といった三指導者が反対運動の先頭に立った。会議派大会（一九〇六年、カルカッタ）は、かのダーダーバーイーを議長にして四大決議、つまり①ボイコット、②スワデーシー、③スワラージと④民族教育を採択した。①の外国製品不買と②の国産品愛用は、③のインドの自立という目的を達成するための手段を意味した。④の民族教育は目的と手段とを結合する役割をもった。

都市住民や農民を巻き込んだ運動は、イギリス側を大きく揺さぶった。ティラクら民族主義者は弾圧の対象とされ、かれは一九〇八年に不当裁判でビルマのマンダレイ刑務所に送られた。またラージパット・ラーイはアメリカと日本に亡命した。いうまでもなく、この運動の背景には国内基盤の確立を目指す綿工業資本中心のインド・ブルジョアジーがあった。しかも運動の波に乗ってタータ資本は一九〇七年に製鉄会社を創業している。

危機を感じたイギリス当局は、一九一一年ベンガル分割令を撤回し、同時に首都をカルカッタからムスリムにとって歴代の「栄光」都市デリーに遷都した。

両世界大戦とインド

戦争とインド

イギリスはインド側の協力を得て第一次世界大戦（一九一四～一八年）を進められた。これに対して第二次世界大戦（一九三九～四五年）では、イギリス側はインド側の部分的な協力を得たにすぎなかった。二つの戦争間にみられるさまざまな共通点と相違点をみておきたい。

まず戦争協力については、第一次大戦ではインド国民会議派は協力方針を打ち出した。イギリスの戦争勝利はインドの利益に連なるとの判断が、会議派の指導部にあったからである。また全インド・ムスリム連盟（一九〇六年創立）も同様の立場をとっていた。一九一五年、アフリカから帰国したガンディーも、そうした考えに基づいて行動している。しかるに第二次大戦では様子が異なっていた。会議派は開戦当初から戦争非協力路線を内外に明示していた。事前に相談なしの開戦に会議派指導部は反発していた。一九四二年八月には、かのクイット・インディア決議を提起している。それはインドからイギリスが即時退去することを求めていた。ちなみに通常、それは「インドから手を引け」決議と訳されているが、英語のもつ強い語義や、ヒンディー語の「バーラット・チョーロー」という表現などを考慮すれば、「インドから出て行け」が妥当であろう。一方、ムスリム連盟は戦争期に対英協力方針を貫いていた。そこには、イギリス側からムスリム国家パーキスターンの独立支援を取り付ける意図があった。また、一九四一年の独ソ戦の開始を機にインド共産党（一九二〇年創立）は、従来の戦争非協力から戦争協力へと路線の転換を試みた。

第一次大戦時、英インド軍はヨーロッパ（ベルギーとフランス）、東欧（ガリポリとサロニカ）、西アジア（アデン、メソポタミア、パレスタイン、湾岸地域、イラン）やアフリカ（カメルーン、東アフリカ、ソマリランド）といった諸戦域で戦争に従事した。第二次大戦時には、インド軍は主としてアフリカと東南アジアで戦争に参加した。北アフリカ戦線では連合軍の対独戦、さらにビルマを含む東南アジアでの対日戦に、インド軍は関与した。なお、東南アジアのビルマ作戦では日本軍を撃破するが、他地域ではインド軍が日本軍に降伏する新事態も生まれた。この動員を数の面からみると、最初は戦闘員は八二・七万、非戦闘員は四四・六万であって、英帝国内で二位であった。また犠牲となった死者は三万人であった。一方、第二次大戦では開戦時には一八・九万の兵力であったのに、全体では二五〇万の兵士が動員され、死者は二・四万人に達した。

また、第一次大戦時の一九一七年には、インド担当相により戦後における自治制度を基礎とする責任政府の導入発言がなされ、人心の掌握がなされた。インド内部ではむしろ当時のイギリス首相、とくに一九一八年初頭のアメリカ大統領の発言に多大の期待が寄せられた。戦時の期待感が大であればあるほど、戦後の政治運動の弾圧を狙う一九一九年のローラット法（令状なしの逮捕や裁判ぬきの投獄を認める法律）の施行など幻滅の度合いもまた大であった。第二次大戦の場合、政治的な事態は異なっていた。かの英米首脳による大西洋憲章（一九四一年）やチャーチルのインドへの不適用発言などに対して、インド側はほとんど関心をみせていない。イギリス側は民主主義擁護の戦争目的を公言しながらも、植民地インドの具体的な戦後構想を欠落させていた。インド側からすれば、もはやイギリス側の「甘言」に乗せられる余地はまったくなかったともいえる。

第一次大戦時、インド兵は小規模ながらシンガポールで反乱事件を起こしている。これ

図17　マハートマー・ガンディー（中央），
塩の行進（1930年）
（Patric French, *Liberty or Death*, London : Harper Collins Publishers, 1997, pp. 136-137）

に対し、第二次大戦後の一九四六年、インド海軍のストライキがボンベイを中心に発生している。第二次大戦によって、英帝国の解体が引き返し不可能の地点へとインドを導くことになった。

ガンディー指導の抵抗運動

ガンディー指導の独立を目指す抵抗運動は、インド国民会議派に依拠して前後三回にわたって展開された。第一次大戦直後、第一次非暴力的抵抗運動（一九一九〜二二年）、世界恐慌を背景とする第二次非暴力的抵抗運動（一九三〇〜三四年）とインドから出ていけ決議を契機とする運動（一九四二年）がある。

第一次大戦の結果、インド内部では独立を要求する声が一挙に高まった。非暴力的抵抗運動は、一九一九年のローラット法の施行やアムリットサルの市民虐殺事件を通じて、ガンディー指導の下で全インド的な規模で進められた。第一次大戦を経て、民衆の政治意識には重大な変化が生まれ、政治の主体は民衆サイドにあることが明確に人びとの間で認識されるにいたった。その抵抗形態として、①断食、②ハルタール（商店閉鎖、ストライキ）、③非協力、④不服従が提起され、いずれも武器を使用せず、暴力を拒否して民衆の闘いを進めるところに特徴があった。①は個人による抵抗方式でガンディーは折にふれて実践した。②は③の方式と重なるが、商店閉鎖を主とする市民の抵抗であり、同時に労働者によるストライキ闘争を意味した。また③は商店はもちろん、学校や役所などの閉鎖やサボタージュを目的とした。さらに④はイギリスの施行した法律の積極的な侵犯を意味した。これらは適宜組み合わされて、イギリス側を揺さぶることになった。

こうしてデモが実行され、抗議集会が各所で開催された。運動は世界大戦やロシア革命などの国際的な条件を背景としていた。しかも運動は、この段階の朝鮮の三・一運動や中国の五・四運動といったアジアの民族運動の一環をなしていた。

運動がもたらした最大の意義は、地方の下部組織の確立を通じて会議派が幹部政党から大衆政党に転化した点にある。第二に運動は、一般大衆の政治参加を促すとともに、労働組合運動や農民組合運動を発展させた。もっとも、この両運動はガンディーの戦略や戦術の外側にあった。第三に運動は、インドの独立をその目的として明示的に打ち出していなかったが、スワラージの意味するところは独立にあることを万人が認めていた。第四にキラーファット（トルコのイスラーム教主カリフの擁護）を通じて、ヒンドゥーとムスリムの一致団結が進められた。

世界恐慌は植民地インドを経済的苦境のどん底に突き落とし、都市生活や農村経済に打撃を与えた。没落した農民が処分した腕輪など金の装飾品は飢餓ゴールドと命名され、状況の凄まじさを物語っている。

会議派は一九二九年末のラーホール大会で、インドの目標が完全独立（ヒンディー語でプールナ・スワラージ）にあることを確定した。一九三〇年一月二六日、「独立の誓い」が会議派によって採択され、運動の幕が切って落とされた。以後、運動の抵抗方式はほぼ第一次大戦後の場合と同様であったが、五〇〇以上を数える藩王国の一部にも運動は波及した。これは、全インド藩王国人民会議（一九二七年）の開催を受けての政治的な動きであった。また運動には女性の参加も当たり前の事態となったが、これまた全インド女性会議（一九二七年）の発足と無関係ではなかった。当初、会議は社会活動のみに限定していたけれど、程なく女性は政治に直接関与するようになった。一九三〇年、グジャラートでの

「塩の行進」には無数の女性が参加している。

運動は中途でイギリス側の干渉も手伝い、腰砕け状態を招いたりした。しかしイギリス側に与えた衝撃は大であった。急遽、イギリス側は一九三五年の統治制度の改革を急ぐことになった。そこでは限定的な州自治が認められ、会議派やムスリム連盟は勝利を収め、特に後者は政党としての存在理由を公然とインド内外に示すことになった。イギリス側の立場からすれば、合法的に会議派と連盟を競合させる場を確保したともいえよう。

第二次大戦期、会議派は一貫して対英非協力の方針をとった。イギリスが自己の戦争目的を民主主義の擁護にあるというのであれば、インドの独立を即時承認すべきだという認識がそこにあった。インドから出ていけ決議は一九四二年八月に採択され、即日、会議派は非合法化された。ガンディーやネルーといった会議派幹部は一網打尽にされ、以後一九四五年まで、会議派不在の段階が生まれた。この八月決議はインドの民族的な課題である独立を最重視した特徴をもつものの、一揆主義的な面を残していたのも確かであった。この決議は会議派支持者に対して、大量投獄という犠牲を強いることになった。

ムスリム連盟は一九四〇年三月、ラーホールで大会を開き、いわゆるパーキスターン独立要求決議を採択した。それは「インドの北西部と東部の諸地帯のようにムスリムが数的に大多数を占める諸地域は、その構成諸単位が自治権と主権をもつ〈独立した諸国家〉を構成するように分類されるべきだ」としていた。さすがに独立諸国家という要求は分離独立直前に単一国家の独立要求に訂正されたが、原文は長い眼でみるとバングラ・デシュ独立（一九七一年）の理論的な土台となった。かくて連盟は、会議派不在の状況を徹底的に活用して、対英協力の下でパーキスターン独立に向けて自己の地歩を急速に固めていった。

戦争期の一九四二年にようやく合法化されたインド共産党は、従来の非協力路線を協力路線に転換した。反ファシズム人民戦争の勝利のために連合国、つまり英米ロ仏中の支援を打ち出した。言い換えれば宗主国イギリスの支持を提起したわけである。帝国主義戦争という側面を多く残したこの戦争に対して、こうした支持理論の機械的な適用は、共産党への強い批判と不信を生み出す結果を招いた。それはともかく同党は、全インド労働組合会議や全インド農民組合を両輪にして着実に地歩を固め、ベンガル飢饉（一九四三〜四五年）の救済活動や農民運動（テーバガとテーランガーナー）で指導権を発揮した。

労農運動の展開　戦間期、インドでは史上はじめて労働組合や農民組合が発足した。その点からしても、民族運動は新しい段階を迎えていた。しかも民族運動史上にマルクス主義政党が誕生するのも、この段階の重要な特徴をなしていた。一九二〇年にはソ連のタシケントで、インド共産党の創立大会がベンガル出の革命家M・N・ローイ（一八九三～一九五四）の出席のもとに開かれた。一方インド国内では、北インドの工業都市カーンプルで共産党の創立大会が開かれている。後者は非合法政党ながらも、インドの労農運動に直接間接の影響を与えてきた。

第一次大戦期の一九一八年四月にマドラース繊維労働組合が組織された。それはインドの労働運動史で画期的な事件となった。戦後の一九二〇年一〇月には、ナショナル・センターとして全インド労働組合会議（AITUC, All-India Trade Union Congress）が、傘下に六四の労働組合を擁して出発した。ボンベイでの創立大会議長にはパンジャーブ出の政治家であって、アメリカや日本へ亡命していたラージパット・ラーイが就任した。かれは例のベンガル分割反対運動の一方の指導者であった。ＡＩＴＵＣは以後インドの労働運動史のなかで、中途での組織上の混乱やメーラト共同謀議訴訟事件のような弾圧を乗り越えて、労働組合運動のみならず、民族運動の面で画期的な役割を演じた。

また、一九二〇年代の北インドを中心とする地域的なキサーン・サバー（農民組合）の結成と活動も、新しい事態であった。とくに二〇年代のバーバー・ラームチャンドラ（一八七五～一九五〇）やスワーミー・サハジャーナンド（一八八九～一九五〇）らの小作人を中心とする反地主運動は、一九三〇年代のラーフル・サーンクリッティヤーヤナ（一八九三～一九六三）の同様の運動とともに農民運動の土台を構築した。バーバーの場合、その運動は裸の社会科学用語ではなく、ヒンドゥー神話の『ラーマーヤナ』物語を活用して進められた。一方、サハジャーナンドは一九三六年四月、ラクナウーで開かれた全インド農民組合（AIKS, All-India Kisan Sabha）の創立大会の初代議長となった。

第二次大戦期から戦後のインドの分離独立にかけて、ＡＩＴＵＣとＡＩＫＳは大衆組織として、インドの内外の諸問題に対して見逃すべからざる役割を果たした。

ガンディージーの遺産

モーハンダース・カラムチャンド・ガンディー（一八六九～一九四八）は、グジャラートのヴァイシャ・カースト出の政治家の家に生まれた。長じて弁護士の資格を得るため、イギリスに留学した。アフリカでの弁護士活動の後、インドに帰国し、全インド大の政治指導者としてインド国民会議派の指導者となった。Ｊ・ネルーはその直弟子であった。人びとはかれをバープージー（親父さん）と親愛をこめて呼び、あるいはマハートマージー（偉大なる魂さん）として尊敬した。かれには二つの側面、つまり民衆を代表しながら民衆から乖離する側面と、生涯、民衆と密着している側面とがある。

最初の事例はアフリカ生活にある。そこで一八九三年から弁護士活動をするなかで、アパルトヘイト（人種隔離）を体験して、インド人の権利のために非暴力的抵抗により成果をあげた。しかしアフリカ人の権利問題やそのためのインド人とアフリカ人の共闘は視野の外にあった。インドに帰国後のガンディーは、労働者や農民の自律的な団結や行動には否定的な眼を向けていた。一言でいえば、ガンディーは労使協調路線を重視していた。さらにかれは地主、富農の対英地租不払い運動は支持しても、小作人の地代不払い運動には一貫して反対した。上述した多くの優れた農民運動家たちは、ガーンディアン（ガンディー主義者）として出発しつつも、遅かれ早かれ、ガンディージーと決別する道を選んだ。

後者の適例として、ガンディーは一九二〇年代にラーム・ラージヤ（貧しい民衆が支配する国家）の実現を想定していた。一九五〇年代、ヤシパールなどマルクス主義文学者はこれに激しい批判を加えているが、ガンディーの思考は既述のバクティ運動者、カビールのラーマ思想、つまりラーマ神にヒンドゥー神ではなく、普遍的な神としての人間の存在を読み取る思想に依拠していた。今日、イルファーン・ハビーブのようなインド中世史家もこうした点にガンディー思想の実践的な意義を認める。ヒンドゥー原理主義をかまびすしくかざす勢力が登場している現在、ラーム・ラージヤは国家論を含む現代的なガンディー論の起点をなすと理解されるものである。

他方で非暴力的抵抗の思想と行動は、世界の民衆の抵抗運動や市民運動の武器ともなった。近くはビルマ軍政の独裁政治と闘う民主化運動の旗手、アウンサン・スーチーの行動へ深い影響を与えている。それはまた、積年に及ぶ南アフリカの白人のアパルトヘイトに抗議して進んで刑務所行きを試みた、ネルソン・マンデラのような政治家の思想的な支柱となった。それはさらに、一九六〇年代後半の北米における、黒人マーティン・ルーサー・キング師らのヴェトナム反戦運動の実戦的な基盤ともなった。このようにガンディーの思想と実践は、世界の良心といわれる人びとや大衆の間で確実に継承されてきた。つまりガンディーは、二〇世紀のインドが現代世界に誇る思想的な前衛の一人であるといえよう。

植民地期の思想と文化

植民地期、とりわけ一九世紀半ば以降のインドの思想や文化は、インドの至上命題である植民地的な地位からの離脱、つまりインドの独立と深く関連していた。一方、一八世紀から一九世紀にかけて、イギリスを含む西欧では実証主義を旨とするインド学が東洋学の一環として確立された。

一九世紀末から世紀はじめへ

何よりもまず、一九世紀末にはインドの先進地帯ともいうべきベンガルで一連の文学活動が進んだ。かの藍小作の惨憺たる状況を描いたディナバンド・ミトロ『ニール・ダルパン（青の鏡）』（一八六〇年、ベンガル語）が発表され、一大センセーションを巻き起こした。続いてラビンドラナート・タゴール（一八六一～一九四一）が著作活動を開始しており、世紀はじめの一九一三年には、ノーベル文学賞をアジアではじめて得た。またマハーラーシトラ地方では、後にロークマーンヤ（人びとに敬愛される）と呼ばれたB・G・ティラクが、一八八一年に『ケーサリー（ライオン）』誌（プネー）を創刊した。かれはマラーティー語の力強い文体を通じて独立への民衆の鼓舞と啓発の活動を展開していた。

同時に、インドの知識人は一九世紀後半からインド国外で活動を進めていて、インドの現状に関しても発言し始めた。その事例はダーダーバーイー・ナオロージーである。かれはロンドンの出版社から論集『インドの貧困と野蛮な支配』（一九〇一年）を刊行した。そこでかれは「富の流出」論により帝国主義支配の本質を突くと同時に、インドを原産地とするイギリスの対中国阿片《アヘン》貿易を痛烈に断罪している。この頃、ベンガル出の経済史家R・C・ダットもほぼ同種の帝国主義批判を提起した。

第一次大戦とその後の時代には、思想と文化に関わる無数の文献が刊行されている。ここでは、政治史に直接関連する古典的な著作を対象として取り上げる。

ガンディーの場合

M・K・ガンディーはすでに『ヒンド・スワラージ（インドの自治）』（一九〇九年）を刊行していたが、そこでは一人の人間の自省的で内発的な問題を提起していた。その延長線上にかれの『自伝──私の真理との実験物語──』（一九二七～二九年）が位置づけられる。しかもかれは、一九一九年に『ヤング・インディア』誌（英語、アムダーヴァード）の編集責任者に就任して、インド内外で日常的に提起されている諸問題に鋭い論陣を張った。そこでは政治家ガンディーの卓抜なジャーナリストとしての面目躍如たるものがあった。

革命論として

大戦後インドの思想状況の一端を反映するものとして、S・A・ダーンゲー『ガンディー対レーニン』（ボンベイ、一九二一年）が挙げられよう。そこでは民族主義者ガンディーと共産主義者レーニンの間に、政治行動の面で相違点はあるものの、両者は民衆の解放という政治目的の面では共通していると大胆な問題提起をおこなった。ブックレット型の書物という形式も手伝って、これは数多くの読者を確保している。またかのメーラト事件の被告団の法廷「証言」（一九三〇年代はじめ）では、イン

図18　インド系マルクス主義者
R・パーム・ダット
（J・Callaghan, *Rajani PalmeDutt : A Study in British Stalinism,* London : Lawrence & Wishart, 1993）

ドのマルクス主義者の考え方や実践の方向が示されていた。そこでは①テロリズムの否定と②労働者、農民と進歩的な勢力の統一戦線の必要性が力説されていた。それは国内でのテロリズムの克服を呼びかけるとともに、共産党を暴力革命集団と決めつけ、弾圧を加えたイギリス側への反論でもあった。なおイギリス共産党の創立者の一人、R・パーム・ダット（一八九六〜一九七四）は、インドに関する一連の著作を一九二〇年代から発表しているが、とくに『今日のインド』（一九四〇年、ロンドン）や『現代インド』（一九五五年、ロンドン・デリー）は、イギリスやインドではもちろん、全世界でマルクス主義の側からする現状分析の書物として広汎な読者を得た。

ネルーの場合

J・ネルー（一八八九〜一九六四）の諸著作は、反ファシズムという国際的な潮流のなかで、同時代インドの民族主義と国際主義の勢力を代表する立場からの記念碑的な意義をもった。まず『自伝』（一九三六年）では、独立運動との関わりを中心に国際関係を含めつつ一九三〇年代政治までが詳細に語られている。そこでは農民運動家バーバー・ラームチャンドラとの接点や、印＝回衝突の犠牲となったカーンプルの労働運動家G・S・ヴィディヤールティーへの言及など、民族運動史の根幹に触れてくる諸問題が浮き彫りにされていた。また「父が子に語る世界歴史」として知られる

『垣間見た世界史』（アラーハーバード、一九三六、三七年）は、植民地の知識人が提出した世界史像として全世界に熱い支持層を確立した。第二次大戦直後には『インドの発見』（カルカッタ、一九四六年）も刊行されている。

大戦期の一九四三年、かつて全インド農民組合の創立大会にも参加した、ガンディーと同じグジャラート出の農民運動家I・ヤーグニク（一八九二〜一九七二）は『私の知るガンディー』（ボンベイ）を刊行した。そこにはガーンディアンから反ガーンディアンへの苦渋に満ちた、しかし、明確な転換がつづられている。ところでヤーグニクがグジャラートのアムダーヴァードへ帰郷する時、駅頭には人力車の車夫が「乗って欲しい」とかれに殺到したという。

半世紀の独立インド

インド型民主主義の展開

印パの分離独立

権力移譲の背景

一九四五年五月、ヨーロッパで世界大戦が終結するや、植民地インドは騒然たる状況に見舞われた。イギリス側は合法的に権力を移譲する対象を早急に確定することが求められた。その対象から共産党は外されており、本命はあくまでインド国民会議派と全インド・ムスリム連盟に絞られていた。そのため何としても、中央議会レベルと州議会レベルの双方で二政党の存在を確定する必要があった。その予行「演習」は、三七年に限定的な州自治が導入された折になされていた。四五年の中央選挙では予想通り会議派と連盟の二党が善戦したが、その傾向は翌四六年の州選挙でも確認された。連盟勝利の理由は、ムスリム連盟にとって有利な宗教別分離選挙制度（〇九年に導入）に基づいていたためであり、その狙いは、マイノリティーとしてのムスリム集団に有利な議員数を保証するところにあった。

分離国家へ

分離独立国家のパーキスターンを要求する連盟、強い中央政府の樹立を目指し、パーキスターン構想を否定する会議派、それに一貫した方針をもたないイギリスの三者の間の交渉が進められた。時の軍人総督A・ウェーヴェルは、ヒンドゥー多数地域とムスリム多数地域を二つの自治単位とする、国防、外交と通信・交通の三権のみをもつ一つの中央権威の確立という連邦構想を示した。四六年夏、内閣使節団がより詳しい提案を試みた。しかし砂上の楼閣的な面を残した同案では、関係者の間で合意が得られなかった。

四七年二月、労働党のアトリー首相は下院で「一九四八年六月より前に権力を移譲することがイギリス政府の意図だ」と語った。同時に総督の交替が発表され、軍人L・マウントバトンがそれに就任した。かれは精力的に各層の人びとに会い、最終的には権力は会議派と連盟の二政府に移譲されるとの結論に達した。四七年六月三日のマウントバトン計画がそれである。それは会議派、連盟とシク指導者の承認を得ていた。それはインド独立法の基礎となるものであって、七月半ばにイギリス議会が批准し、八月一五日に施行された。

当然これはインド独立の法的基礎をなすものであった。

連帯行動と将校裁判

四五年一〇月、会議派は「東南アジア連帯デー」を実行し、大集会やデモが組織され、カルカッタなど主要港湾都市のドック労働者は東南アジア向け輸出品（食品、武器）の積み込み作業のサボタージュをおこなった。そこでは、東南アジアの民族運動を弾圧するためにインド人部隊が派遣されることに抗議がなされた。アジア・太平洋戦争で日本軍が降伏するや、インドネシアやインドシナにオランダやフランスが「夢よもう一度」とばかりに再び戻ってきた。

また同年一一月、オールド・デリーでインド国民軍の将校裁判が開かれた。被告席にはP・K・サーガル（ヒンドゥー）、シャー・ナワーズ・カーン（ムスリム）とG・K・ディロン（シク）の三名が着席した。国民軍は戦時、日本軍に投降したインド人将兵を中心に、四三年にスバース・チャンドラ・ボース（一八九七〜一九四五）を最高指導者として、シンガポールで結成され、日本の敗戦とともに解体された。スバース・ボースは戦時亡命先のドイツから日本、東南アジアに活動の場を移したが、戦後台湾で飛行機事故死した。この裁判では判決は出されたが、執行はされなかった。

農民闘争と海軍スト

農民運動の分野をみると、ベンガルではテーバガ運動とよばれる小作人による地代三分の一引き下げ運動が提起され、広範な支持者を確保しつつあった。また南インドのハイダラーバードでは、テーランガーナー農民運動が進行していた。そこでは運動は武装形態をとっていて、地主制度が廃棄され、農村コミューンが建設されていた。

さらに四六年二月、ボンベイ港を中心にしてインド海軍のストライキが発生し、およそ一週間、ストが続行された。ストは、経済的な待遇改善からインドの独立という政治的課題に目的が絞りこまれた。基地に停泊する軍艦のマストには会議派、連盟と共産党の各党旗が掲げられ、アラビア海のブルーの空に翻った。分離独立では

図19　インド海軍のストライキ，翻る三つの政党旗

（中村平治『南アジア現代史 Ⅰ インド』山川出版社，1991年，163ページ）

なく、統一インドの実現を願う民衆の声がここにあった。この時ボンベイ市民・労働者は、インド海軍の兵士への同情のため商店閉鎖と連帯ストライキの挙にでた。このストライキ発生の翌日、イギリス政府は内閣使節団のインド派遣を急遽発表している。

インド・パーキスターンの分離独立

四七年八月一五日、インドは独立を達成した。前日の夕方、ネルーはデリーの中心部にある円状型の建物の国会で演説をした。まさにこれは独立宣言であった。ネルーは「インドが新しい時代へ一歩踏み出すこと」を強調し、インドとその国民に奉仕すべきことも主張した。一方、パーキスターンは一日早く、八月一四日に独立した。それは永い夢の実現であった。なお両者とも英連邦に自治領としてとどまった。

パーキスターンはインドを挟む形で東西のムスリム多数地域からなる飛び地国家であった。インドの場合、カシミールという北端部分は係争地でありながら、地域的な一体性をほぼ確保できた。問題は両国の具体的な境界線の確定にあった。総督はラドクリフを境界線問題の委員長に任命して、独立直後に線引きがなされた。その結果、大量のシクやヒンドゥーの難民がパーキスターンからインドへ、インドからムスリム難民がパーキスターンへ移動することになった。かれらは牛車にわずかな家財道具類を載せ、着のみ着のままで移動した。中途には疫病、略奪、暴力、殺人などが人びとを待ち構えていた。

マハートマーの死

印パ分離に最後まで反発したガンディーは、独立時の祝典の場にも出席せず、ヒンドゥーとムスリムの友愛と統一を説いて北インド各地を歩いていた。その場合、ガンディーは多数派集団としてのヒンドゥーの行動に自重と警告を発してやまなかった。したがって一部のヒンドゥーの近視眼的な立場からは、ガンディーは許しがたい言動を進める親ムスリム派の人物だと捉えられていた。

四八年一月、ガンディーはかねて親交のあったビルラー財閥のデリー別邸に滞在していた。三〇日午後、祈りのために大衆と顔を合わせるべく屋外に出たとき、一人のヒンドゥーが近寄り、ピストルを発射した。その犯人はプネー出の国家奉仕団（RSS, Rashtriya Swayansewak Sangh）のメンバーであった。この組織は二五年に中部インドのナーグプルで発足したヒンドゥー原理主義集団であり、独立運動には直接関連しない準ファシスト集団でもあった。この暗殺事件は独立インドの汚点となるものであった。

独立の意義

積年の民族運動の帰結として、独立は重大な意義をもった。当然、イギリスの支配機構の大半は新しいインド政府が掌握した。つまり植民地時代の官僚機構と司法機構、軍隊と警察、鉄道・航空施設、港湾施設、郵政通信施設などがそのまま継承された。かのインド文官職（ICS）はインド行政職（IAS, Indian Administrative Service）として再出発した。独立はバーブー（旦那方）のもので、ジャンター（人民）のものではなかったという議論がある。しかし総体として、独立はインドのあらゆる創造と発展を生み出す基本前提となった。

インド型民主主義の形成期——一九四七〜六〇年代後半

インドの独立から一九六〇年代後半までのほぼ二〇年間は、初代首相J・ネルーの在任期であり、ネルー自身の生存期でもあった。インドではこのネルーの建国上のリーダーシップを高く評価して、独立後の政治体制をネルーヴィアン・デモクラシー（ネルー型民主主義）とよぶ。しかし一つの政治体制に個人名を冠するのは適当ではないので、ここではそれをインド型民主主義とよぶ。この段階はインド型民主主義の形成期であった。

憲法の施行　四九年一二月に憲法は発布の運びとなった。五〇年一月二六日、インド憲法が施行され、インドは晴れて法治国となった。それは州立法議会を土台として構成された憲法制定会議（第一回会議、四六年一二月）の主要任務の成果であった。

同会議は、憲法起草委員会の委員長に不可触民出の法曹家B・R・アンベードカル（一八九一～一九五六）を任命していた。その由来は二〇年前の三〇年一月二六日、インド国民会議派が「独立の誓い」を採択し、これを機に非暴力的抵抗運動を再提起した事実にある。

憲法は、インドが国民の主権在民を基礎とする共和制国家たることを明確にした。その連邦制では中央に連邦議会と連邦政府が設けられ、議会下院で過半数を得た政党が政権担当者として国政に関与した。その連邦政府下に複数の州と連邦領がある。もちろん州にも議会があり、過半数を超えた政党が州内閣を構成する。また憲法ではカーストによる差別や不可触民制度を禁止した。国民の八割がヒンドゥーでありながら、国教としてヒンドゥー教を規定することを避け、政教分離主義の国家たるべきことを明確にしていた。さらに二一歳以上の男女にすべて選挙権が与えられた。もっとも八八年の憲法改正とともに、有権者年齢は一八歳以上とされた。ここに政治参加の幅のいっそうの拡大がみられる。

その憲法改正は一種の年中行事化しているが、憲法のテキストが世界で最大だといわれるのは、原理、原則と細則が一体となっているからである。改正が困難な日本国憲法が硬性憲法であるのに対して、インド憲法は軟性憲法だといわれるゆえんがここにある。

当初、政治的伝統をもつインド国民会議派が、ガンディーやネルーの名声も手伝い、連邦と州の両者をぶちぬくかたちで一党支配を確立、維持した。以来、半世紀の間に前後一一回の総選挙がインド国民の手でおこなわれた。議会制民主主義の確立という面で、インドは第三世界では稀有の事例だといえよう。

第一回総選挙

憲法に従い、第一回総選挙が、ローク・サバーとよばれる連邦議会下院と各州議会の全議員を選ぶため、五一年一〇月から五二年二月末までおこなわれた。はじめての経験でもあり、広大なインド全域をカヴァーし、しかもカシミール地方は雪に見舞われるといったなかで、予想以上に手間のかかる選挙となった。結果は大方の見方のとおり、インド国民会議派が圧倒的な勝利を収めた。それにしても巨大な規模を誇る民主主義の実験的な行為であった。各議員の任期はいずれも五年である。イギリスをモデルとして、連邦と州の両方で小選挙区制を採用しているところに特徴の一つがあった。

モザイク的な旧世界

植民地期インドの入り組んだモザイク状の歴史地図をみて、だれもが当惑した経験をもつ。インドの各地域がもつ本来の言語文化的な単位、つまりアイデンティティーが一切否定され、作られたモザイク的な行政制度の上にイギリス支配は胡坐《あぐら》をかいてきた。具体的には、独立前に五六〇を上回っていた大小の藩王国はすべて独立インドに統合されたが、それはインドにおける廃藩置州であった。これらの存在こそ、植民地インドのモザイク化の最大要因の一つであった。インドの各藩王国は一般に専制政治を共通点にしてはいても、言語文化の面では相互に異なるものであった。

公用語

インドは多言語の国家である。憲法（七一回改正、九二年）では一八言語が公用語として規定されている。また六七年には連邦公用語として三言語（ヒンディー語、英語と各州公用語）方式が確定した。かつて植民地期には、個々の同一言語集団が一体的な行政区域を構成するという当然の原則は否定されていた。したがって、たとえば南インドのマドラース（現タミル・ナードゥ）州の場合、多言語州であって、タミル語住民を主に、北マラーバール（現ケーララ）のマラヤーラム語住民と北東部（現アーンドラ・プラデーシ）のテルグー語住民からなっていた。

言語州の導入

与党会議派がこの問題の導入に踏み切った背後には、まず五ヵ年計画の推進過程で、インドのブルジョアジーが改めて合理的な州境界線の線引の必要性を痛感したこと、第二に言語州の実現を求める下からの運動がアーンドラ地方を含めインド各地で進み、与党会議派もこの全国的な動きを無視できなくなったことが指摘される。

五六年一一月、言語別州再編成が施行された。この時、インドは一四州と六連邦領で構成された。これにより一言語一州の原則が南インド全域と北インドのほぼ全域で実施された。インド史上でケーララとかカルナータカといった地名の州がはじめて誕生した。もっとも二言語州としてボンベイとパンジャーブが残され、後日、再分割された。前者は六〇年にマハーラーシトラ（マラーティー語）とグジャラート（グジャラーティー語）の両州へ、また後者は、六六年にパンジャーブ州（パンジャービー語）とハリヤーナー州（ヒンディー語）に分割された。一方、ヒンディー語州はハリヤーナー、ラージャスターン、デリー、ウッタル・プラデーシ、ビハール、マッディヤ・プラデーシを数えるが、それらを一州として一括するには人口、面積の点から広大すぎる状況がある。

その後、連邦領から州への格上げなどもあり、現在のインドは二五州と七連邦領から成る。かくて各州議会は原則的に同一の言語文化集団の代表からなるが、連邦議会下院の場合、異なる言語文化集団の議員が代表として出席しているわけで、たんなる地域代表では決してない。そこに多言語国家の現実を反映するインド型民主主義の代議方式の一つの特徴がある。

図20　インドの国会議事堂（首都デリーの旧立法議会）

図21　ドゥルガープル製鉄所の建設工事

（F. Watson, *India : a concise history,* London : Thames & Hudson, 1993, p. 168）

インドでは、経済の五ヵ年計画が五一年から導入された。すでに第二次大戦期にインドの大資本はボンベイ・プランを提起していたが、会議派政権はそれに対応するかたちで計画を具体化した。四八年には産業政策決議がなされ、ついで政府機関のプラニング・コミッション（五ヵ年計画委員会）が発足し、ようやく計画が提起される運びとなった。

経済計画の進展

第一次計画から八〇年代まで、インドは一貫して計画経済を促進した。その実態は別にして、会議派政権が理念として社会主義的なスローガンを掲げてきたのは確かであった。少なくとも国内市場を全面的に開放した、市場経済が発展してきたのではなかった。五五年一月の会議派大会（第六〇回）では「社会主義型社会」の建設が党の目標に設定された。そこでの社会主義とは、総じて社会正義ともいうべき内容を意味していた。このスローガンの下で、歴代の会議派政権はインドのいっそうの工業化と農業の生産力の増大に向けられた。

工業面で、インドは製鉄工業生産を中心に著しい成果をみた。たとえそれが国際的な競争力を直ちにもち得ないとしても、また計画経済の枠組みのなかに置かれたとしても、インドは自ら工業化の道を放棄せず、成果を挙げてきた。ビルラーやタータ―といった大資

図22　ネルーと周恩来（デリー，1957年）

(F. Robinson, ed., *The Cambridge Encyclopedia of India and Pakistan,* Cambridge : Cambridge University Press, 1989, p. 244)

本も、政府の主張する「社会主義型社会」のなかで、十分な恩恵を政府から得ていた。一方農業では土地改革の重要性が認識されはしたが、それが州の管轄事項に委ねられた以上、また州ごとに地主・小作間の対抗関係の進展に相違がある以上、実施面で州間のばらつきが目立つ結果となった。

外交政策の展開

独立インドの外交はネルー外交ともよばれた。それほどまでにネルーの外交面での役割は大であった。まず独立を挟んで一連の注目すべき国際会議がインドで開かれた。当初政治的な色彩の強い会議としてアジア問題会議（四七年）やアジア一九ヵ国会議（四九年）があり、学問的な色彩をもつものとしては太平洋問題調査会大会（五〇年）があった。独立インドが自己の国家建設を進めるうえで、国益中心主義の外交を提起したとしても驚くに足らない。大国との距離を保持しつつ、自己の立場を強化する非同盟外交は、米ソ対立の冷戦時代に大きな意義をもった。五四年四月に中華人民共和国との間の通商条約の前文で、平和五原則（パーンチ・シーラ）、つまり①領土主権の尊重、②相互不可侵、③内政不干渉、④平等と互恵、⑤平和共存が確定された。

この五原則はたんに中印間の外交関係のみならず、国際関係全般に及ぶものとして重要であった。五五年四月、インドネシアのバンドゥンではアジア・アフリカ会議が二九ヵ国首脳の出席を得て開かれた。そこではかの五原則に基づく諸原則が決議として採択されている。会場には、世界史の表通りに登場した新興独立諸国の代表たちのエネルギーが渦巻いていたといえよう。

危機のなかの民主主義――一九六〇年代後半～八〇年代末

六四年、ネルーは他界した。激務のストレスから解放されたネルーの死に顔は、若々しくさえあった。その死に伴う、娘インディラ・ガンディー（一九一七～八四）の政界への登場は、ネルーを継承したL・B・シャーストリー首相の突然死の後、急遽おこなわれた。以後、かつての満場一致方式は採用されず、公然たる権力闘争が会議派内部にもち込まれた。

インディラの登場

インディラはネルーの一人娘であった。しかし、その青年期に政治家としての教育や修業をとくにしたわけではない。イギリス留学から帰国後、主として父とともに行動したが、父が逮捕されたときには親戚の者と生活した。戦争期の四二年、パールシー系の政治家フイーローズ・ガンディーと結婚して、ラージーウとサンジャイの二子を得た。フィーローズは五九年に病死したが、彼女は父ネルーの実質的な秘書として活動した。

しかし名望の政治家ネルーの娘というだけで、首相候補が絞られるという方式は一種の事大主義である。問題は、政治家としてどのような力量をみせるかにあった。インディラの選挙上の敵は、グジャラート出のモラルジー・デサイであった。六九年初頭、会議派議員団による票決では彼女が勝利した。その首相就任演説では、政教分離主義、民主主義と社会主義を推進することが自己の任務であり、マハートマー、ネルーとシャーストリーの三政治家によって示された道へインドを導くだろうとも語った。

第四回総選挙と州政治

六七年二月、第四回総選挙がおこなわれた。ネルー没後の最初の総選挙として内外の注目を集めた。同時にこの総選挙はインディラ・ガンディー首相に対する信任投票の意味もあった。結果は連邦議会下院で二八五議席（全体で五二一議席）を得て過半数を超えてはいるものの、州レベルでは七州の議会で会議派は敗北した。つまり、連邦と州の双方をぶちぬく会議派一党支配が州レベルの政治で崩れた。ネルー亡き後の総選挙として、会議派と政治家インディラの存在理由が試されることになった。

まず西ベンガルとケーララの二州では、共産党（マルクス主義、以下Mと略す）を含む統一戦線政府が成立した。西ベンガルではA・K・ムカージーを首班とする内閣が発足する一方、ケーララではE・M・S・ナンブーディリパッドゥを州首相とする内閣が誕生した。実は共産党は六四年に路線上の相違から分裂し、議会の内外の闘争重視と会議派の反人民性を掲げる共産党（M）と、議会主義路線の最重視と社会主義への平和的移行を掲げる共産党とがそれぞれ活動していた。両者とも反帝国主義、反大資本、反地主階級をスローガンとしている点では共通していた。これは明らかに反会議派勢力の旗揚げであった。なお、一九七〇年には共産党（M）の指導下でインド労働組合センターが発足し、それはAIKSと並んで労農運動の先頭に立つことになった。

さらに南インドのマドラース州では、ドラヴィダ進歩連盟が勝利した。これは会議派に依拠したバラモン勢力に対して、ムダーリヤルなど農業支配カーストを中心とする反バラモン勢力の勝利を意味した。進歩連盟の前身は、一九一六年にマドラースで結成された南インド自由連合、通称ジャスティス（正義）党であった。進歩連盟は会議派の二〇年に及ぶ施政に終止符を打ったという点で、西ベンガル州の場合と似ていた。同組織はやがて全インド・アンナ・ドラヴィダ進歩連盟とドラヴィダ進歩連盟とに分裂した。

非常事態の前提

インディラの政治でその最たる悪例を挙げるならば、誰でも非常事態宣言（一九七五〜七七年）を指摘しよう。これは、七〇年代前半のインディラ政治の強引さに由来する閉塞状況の打破を目指す措置であった。まず会議派の分裂（六九年）を機に、インディラ個人の独断専行がいたる所で目につき始めた。直後の総選挙（七〇年）で圧勝したインディラは、緑の革命とよばれている農業政策をいっそう進める一方で、自己の手中に権力を集中する行為に出た。それは州議会レベルで議員候補者や州首相候補補者の選定をインディラがおこなった点に端的に示されている。加えて連邦レベルでは司法府の人事介入がなされた。年齢などの慣例を無視して、親会議派的な最高裁判事を最高裁長官に任命するという暴挙もなされた。

さらに七四年はじめ、ビハール州では学生を中心にしてインフレ、汚職、失業や教育制度の不備に対して抗議運動が盛り上がり、同じ四月に社会運動家のJ・P・ナーラーヤンが学生運動を支持する立場を明らかにした。かくて学生運動は大衆運動へと転化し始めた。こうしたなか、五月にインディラはラージャスターン州で核の地下実験をおこなったが、国内で一定の賛同を得たとはいえ、国際的には徹底した批判の対象にされた。一一月のビハール州の市民による「パトナーの戦い」以後、この大衆運動は全国的な規模に広がろうとしていた。

非常事態の導入と強権政治

七五年六月二六日、F・A・アフマッド大統領は首相の意を受けて、憲法第三五二条に基づき非常事態宣言をおこなった。それは言論、集会、結社の自由を大幅に制限するものであった。デリーを中心とする内外の新聞、雑誌、テレビはインド政府の事前検閲を受けることになった。さらに反政府運動の先頭に立ったナーラーヤン、野党党首のモラルジー・デサイ、アラーハーバード高裁にガンディー首相の選挙違反を告訴したラージ・ナーラーインや著名なジャーナリストのクルディープ・ナーヤルをはじめ、およそ七〇〇人が一網打尽の対象にされた。暗黒の季節の始まりである。

非常事態期、インディラ政権は言論の弾圧をふくむ数々の強権政治をおこなった。一つはスラム地域の強制的な一掃活動であり、オールド・デリーをはじめ北インドの主要都市でなされた。とりわけオールド・デリーの場合、ムスリム低所得層のスラムの撤去という点で、厳しい批判が寄せられた。またナスバンディーとよばれる強制断種が、農村地帯の貧困の原因とされる人口削減を狙いとして、実施の目標値が各州に課せられた。連邦首相、州首相と県知事という一本化された上からの官僚機構が効果的に運用されたが、その効果性が高い分だけ、一般大衆の被害もまた膨れ上がった。シャー調査委員会の報告書では、非常事態期のナスバンディーの犠牲者は全インドで一〇〇〇万人を突破したと述べている。まさにそれはインド版のポグロム的行為である。

大衆の間から冗談も笑いも姿を消したかにみえた。実際は逆であった。非常事態のさなか、デリーで私が聞いた「パンディットジーが存命であったら、今頃、かれは娘インディラに獄中から手紙を書いているだろう」とは、ジョークとして絶品である。三〇年代、ネルーは獄中から世界史物語としてインディラ宛に手紙を書き綴り、それが一本化されて歴史書となり、世界的な称賛を浴びた。パンディットジー（学者さん）とはネルーへの敬愛を込めた呼び方である。

七七年一月、インディラは大統領を通じて連邦議会下院の解散を発表した。選挙によって彼女は、自己の政治的な立場の再強化を図るつもりであったが、事態はその思惑通りには進まなかった。ジャナター（人民）党への反会議派勢力の結集と、腹心のジャグジーヴァン゠ラームの離党は、彼女にとって打撃であった。三月の第六回総選挙で、インディラと会議派は敗者となった。独立以来三〇年にわたった会議派連邦政府の統治はここに中断された。

寄り合い所帯であるジャナター党は個性ある対応策を出せないまま、派閥抗争に明け暮れていた。その間インディラは、補欠選挙で政界への返り咲きを狙っていた。七八年一一月、南インドから立候補したインディラは下院議員に当選し、ついで八〇年一月の第七回総選挙ではインディラの率いる会議派が圧勝した。それは見事な政界復帰であった。

奇跡の政界復帰

パンジャーブ問題とインディラ

六六年、インディラ政権は二言語のパンジャーブ州を分割して、パンジャーブ州（パンジャービー語）とハリヤーナー州（ヒンディー語）を設置した。しかし事態はそれで決着しなかった。緑の革命の恩恵に浴したパンジャーブでは、ジャート系シクが経済的に支配的な階級として登場していた。このシク集団は、七三年にシクの自治要求を盛り込んだアーナンドプル・サーヒブ決議をおこない、自治権の拡大を求めた。

単一言語州が誕生したとはいえ、依然としてチャンディーガルや高等裁判所はハリヤーナー州と共有であった。チャンディーガルは両州の首都であると同時に連邦領でもある。また長いこと農業州として固定されてきたパンジャーブが、雇用機会の拡大を求め、工業化のスローガンを提起したのも理不尽な話ではなかった。これに加えて一九六〇年代から、汚職容疑で解雇された元公務員カプール・シングにより、シクの国家カーリスターン（清浄な国）構想が提起され、かれは八六年に死ぬまでこれを主張し続けた。

パンジャーブ州の自治要求運動は八〇年代以降無差別のテロ行為にまで発展し、アムリットサルにあるシクの総本山ゴールデン・テンプルはテロリストたちの拠点と化した。八四年六月、インディラ政権は青い星作戦とよばれる武力制圧を試みた。この制圧で兵士が九〇人、シクには三〇〇〇人の死者が出た。テロ集団も、軍隊の前ではしょせん何の対抗勢力にもなりえなかった。しかし、力には力でというこの「解決」方式には、多大の疑問が寄せられた。

その年の一〇月末、インディラは首相公邸で執務に向かう途中、シクの警護兵に射殺された。それは強権主義政治家の最後でもあった。

ラージーウ首相の誕生　危急の事態のなかで、長男ラージーウが首相に就任した。ラージーウはミスター・クリーン（清潔な人物）という評判が高く、中堅政治家としての期待がインド内外から寄せられた。ラージーウの前歴は航空機のパイロットであって、政治にはまったくの素人であった。次男のサンジャイは飛行機事故で八〇年に死亡している。

ラージーウが就任した直後の八四年一二月、マッディヤ・プラデーシ州州都ボーパールの多国籍企業ユニオン・カーバイド社工場で有毒ガス洩れ事件が起きた。同社は殺虫剤の製造を目的とした会社であった。この時の即死者は二〇〇〇人にのぼり、重大な社会問題となった。

民主主義対原理主義――一九八〇年代末～現在

V・P・シング内閣の誕生

ラージーウ首相は、民衆側の信任を求めて一九八四年末に第八回総選挙をおこない、勝利を得た。インディラ暗殺という悲惨な事態の後で、ラージーウは同情波（シンパシー・ウェーブ）とよばれる支持票を獲得できた。しかし八七年、スウェーデンの武器製造会社（ボフォールズ社）とインド政府との間の取引で、インド側の仲介企業と複数の個人が五〇〇万ドルに達する賄賂を受け取ったとの報道が流れた。しかも、その個人にラージーウが含まれるとの疑惑が一挙に広がった。

第九回総選挙（八九年末）はさまざまな意味で注目された。まず政治家ラージーウの疑惑行為に対する有権者の批判には厳しいものがあった。かれは落選こそしなかったが、与

表1　人口の増加（1901～91）

年次	人口	10年ごとの増加率	年平均増加率	累進的増加率
1901	23,83,96,327	――	――	――
1911	25,20,93,390	+5.75%	0.56%	+5.75%
1921	25,13,21,213	−0.31	−0.03	+5.42
1931	27,89,77,238	+11.00	1.04	+17.02
1941	31,86,60,580	+14.22	1.33	33.67
1951	36,10,88,090	+13.31	1.25	+51.47
1961	43,92,34,771	+21.51	1.96	+84.25
1971	54,81,59,652	24.80	2.20	+129.94
1981	68,33,29,097	+24.66	2.22	+186.64
1991	84,63,02,688	+23.85	2.14	+255.00

出典：Census of India 1991 Final Population totals and Part-II-A（I）

表2　識字率の発展

年次	平均	男性	女性
1951	16.6 %	24.9 %	7.9 %
1961	28.29	40.38	15.31
1971	29.48	39.52	18.70
1981	43.67	56.50	29.85
1991	52.21	64.13	39.29

注　表1・2とも*INDIA 1995*, Publications Division（Govt. of India）, 1996, p.9, p.12.より.

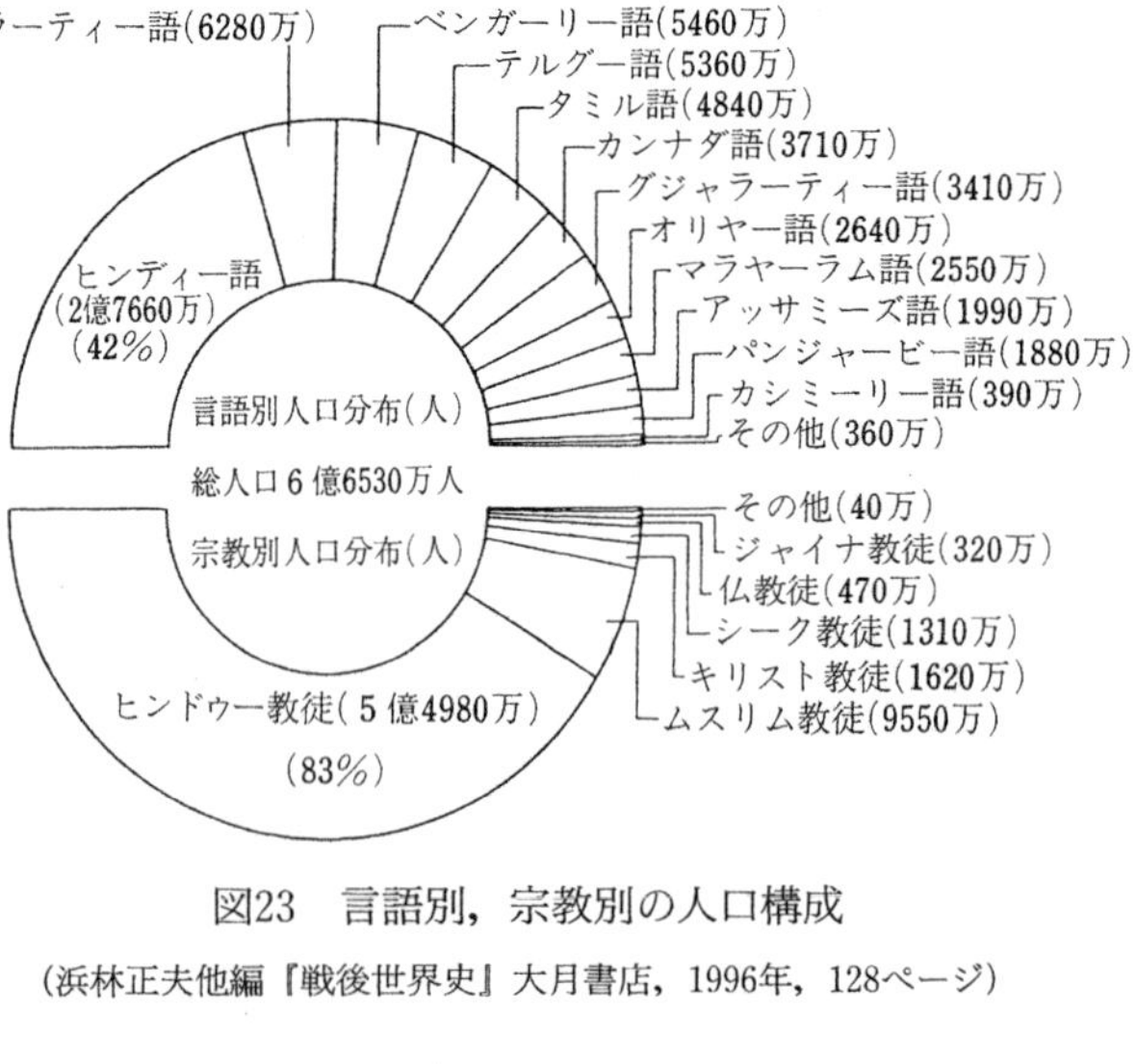

図23　言語別，宗教別の人口構成

（浜林正夫他編『戦後世界史』大月書店，1996年，128ページ）

党の会議派は大幅に後退して、野党に転じた。かつてラージーウ内閣の閣僚であって、離党後ジャナタ・ダル（人民党）を率いて善戦したV・P・シングが、連立政権の首相となった。インド人民党（BJP, Bharatiya Janta Party）やインド共産党（M）は閣外協力をすることになった。さらにこの選挙では、第六二次憲法改正（八八年）を受けて、一八歳以上の男女有権者が投票に参加した。従来は二一歳以上であったが、今回、年齢引下げがなされ、通常有権者に加えて、約三〇〇〇万人の新有権者が投票場に向かうことになった。

インドのペレストロイカを代表するシング内閣は、マンダル調査委員会の報告理念（八〇年）に基づき、九〇年八月、後進諸階級に対する特別留保制度を公務員職に適用し、五割をそれにあてると発表した。その直後、こうした政府政策に反対する学生の動きが表面化し、抗議のために焼身自殺するものさえ現われた。一方、同年、ＢＪＰのヒンドゥー原理主義運動は急速に盛り上がりをみせ、現代のラーマ神を気取る同党指導者L・K・アードワーニーは、西部のグジャラート州から北インドのアヨーディヤーに向けて、ラーマ寺院建立運動のための自動車行進をおこなった。使用された車はトヨタ製であった。かれはビハール州政府によって逮捕され、アヨーディヤーへの行進を阻止された。これでＢＪＰのシング内閣支持は撤回され、同内閣は一挙に危機を迎えた。

八九年、シング内閣の不信任と辞職の後、ジャナタ・ダル（人民党）左派のチャンドラ・シェーカルが首相に任命されたが、これまた会議派が支持を撤回した結果、同内閣は辞職し、インドは九一年五月に第一〇回総選挙を挙行した。その選挙運動の過程でラージーウはタミル過激派の手で暗殺された。それはスリランカ政治家の老獪《ろうかい》な戦略にはまり、八七年に同国へインド軍を出兵させた高い代償であった。会議派は、同情波こそなかったけれど、ともかく過半数を確保して、アーンドラ・プラデーシ州出のナーラシンハ・ラーオ首相が誕生した。独立以来、初の南インド出身の連邦首相の登場である。

ラーオ内閣の経済自由化

ラーオ内閣は九一年七月、大胆な経済の自由化政策を打ち出した。冷戦の解消とソ連、東欧の崩壊という新しい国際情勢に対応して、インドは思い切った方向転換を試みた。何よりも、国際社会からの孤立だけは回避すべきであり、自由化によって経済の成長率を一挙に高めることが至上命題とされた。そのため従来の計画経済路線を廃棄し、大胆な市場経済の展開が重視された。具体的には、外国資本の導入、輸入ライセンス制度の廃止や、非居住インド人（NRI, Non-Resident Indians）とよばれる海外インド人企業家による、インド市場への投資の歓迎など、矢継ぎばやに開放政策が採用された。

この経済自由化と対照的に、国内ではヒンドゥー原理主義勢力による、アヨーディヤーにラーマ寺院を建立するキャンペーンが一段と激化する傾向をみせた。明らかにBJPを先頭にしてRSSや世界ヒンドゥー協会の三者が一体となった原理主義運動は、危険極まりない状況を創りだした。かれらの行動には目にあまるものがあった。九二年一二月はじめ、これらに属するカール・セーワクとよばれる行動隊は、アヨーディヤーのバーブリー・マスジッドを無残にも破壊した。ムガル朝の開祖バーブル配下の軍人が一五二三年に建立したマスジッドは、あえなく土に帰した。時のラーオ政権は無責任にも、「黙認」に終始した。

インド人民党の拡大

その組織的、イデオロギー的な系譜は、一九一五年創立のヒンドゥー大連盟や、一九二五年創立の民族義勇団にさかのぼることができる。一方で会議派指導の民族運動や労農運動が多大の自己犠牲を払いながら展開されていた時、これらの集団はこうしたインドの現実にはまったく背を向け、同時代の西欧のヒトラーやムソリーニらファシストの思想と行動に親愛感を抱き、ムスリムを排除したヒンドゥー教に基づく国家の建設を夢想していた。

RSSの流れを汲む人びとの間から、独立直後のマハートマー・ガンディーの暗殺者が出ても、なんら不思議な話ではない。一九五一年、RSSを母体にしたインド大衆連盟が、元カルカッタ大学の学長でネルー内閣の閣僚でもあった、S・P・ムカージーを総裁にして、デリーで発足した。本来、母体であるRSSが宗教活動に重点を置いており、連盟は政治活動に専念するものである。しかも連盟の目的はヒンドゥー・ラーシトラ（排他的なヒンドゥー専有国家）の建設にあった。しかし議会において、その勢力は伸び悩みをみせ、いわば少数者集団として地味な存在であった。

七七年、連盟はかの反会議派的な結集体であるジャナター党に参加するが、八〇年に飛び出し、A・B・ヴァージペーイーを総裁にしてインド人民党（BJP）と衣替えして新出発した。もちろんRSSも母体団体として存続している。この人民党は、連邦議会下院（定員五四五人）の第八回総選挙（八四年）で二人、第九回（八九年）で八五人、さらに第一〇回（九一年）では一一九人と文字通り驚異的な党勢の拡大をみせた。九六年の第一一回総選挙では同党は過半数にこそ達しないが、院内で一六〇人と他党を尻目に第一党の地位を確保している。

会議派の妥協的対応

この人民党の驚くべき躍進の背景には、インド国民が揃ってムスリムやシクといった少数者集団を排除して、ヒンドゥーによる、ヒンドゥーのための、ヒンドゥーの国家の建設を決意した結果が示されているのか。答えは「ノー」である。

八〇年代における同党の拡大は、ひとえに与党会議派の内政、外政にまたがる無原則的で使命観を喪失した政治と政策に由来した。強権政治家インディラはマキャベリ的でもあって、自己の立場に役立つならばヒンドゥー原理主義とも妥協する面を残した。またラージーウの場合も、ミスター・クリーンとして期待されたにもかかわらず、目前の政治的利益のためには、たとえ祖父ネルーの世代が構築したインドの憲法体制や理念に反したとしても、原理や原則を進んで放棄した。対ムスリム関係では八五年のシャー・バーノ事件にみられるように、見事な最高裁判決に泥をかけるムスリム女性保護法を立法化し、一部のムスリム原理主義者に屈伏した。その一方で、かれはヒンドゥー原理主義者にも寛容な対応を示した。ヒンドゥー票田の獲得を下心としたのであろうか、八九年の総選挙の直前に、ラージーウ政権はアヨーディヤーのバーブリー・マスジッドの脇にラーマ寺院を建立する定礎式の挙行を承認した。これは「敵」に塩を送るどころか、砂糖までを送るに等しく、会議派がヒンドゥー原理主義の軍門に屈したことを意味した。これはＢＪＰをインド型民主主義の嫡子とする最悪の選択肢でもあった。

人民党の思想

すでに述べたとおり、ヒンドゥー教は神話的な世界を基礎とする自由な信仰規範と、個々の人間を取り込んでくる社会規範の二体系からなる。もともとヒンドゥー教はヒンドゥー・ダルマの訳語であるが、これを英語でヒンドゥーイズムと表現すると、原語のもつ意義がずれてしまう。ヒンドゥー原理主義は、後者の社会規範を唯一の成立根拠としている点で、ヒンドゥー教からは区別されるものである。

ところでインド人民党は一貫してヒンドゥー・ダルマではなく、ヒンドゥートヴァ（ヒンドゥー原理主義）の実現を党是としてきた。総裁アードヴァーニーはこれが人民党の基本スローガンであり、換言すれば文化的国民主義（カルチュラル・ナショナリズム）だと主張する。そしてこれこそがインドに国民的一体性（ナショナル・アイデンティティー）をもたらすともいう。まことに簡単明瞭な原理である。この言説を裏書きするかのように、当初からイスラーム文化に対しては敵対的であった。かのバーブリー・マスジッドは、ラーマ寺院のムスリムによる破壊の結果、建設されたものだから、マスジッドを破壊してラーマ寺院を再建することがヒンドゥーの最高の責任だ、という宣伝をおこなってきた。

アヨーディヤー問題とコミュナリズム

一部のジャーナリズムはマスジッド破壊事件を「神聖なる戦争」として、もっぱらヒンドゥー対ムスリムの戦いであると報じた。

それははたして宗教戦争であるのか。確かにインド政治の規定要因にコミュナリズム（宗教対立）を想定して、ヒンドゥー対ムスリムの対抗や衝突を理解する立場がある。ヒンドゥーとムスリムが血で血を洗う抗争が史実として確認される場合もあったであろう。しかしアヨーディヤー問題の本質は、ヒンドゥー対ムスリムの問題ではない。むしろこの基底にはインドの民主主義対ファシズムの対抗がある。具体的にそれは、民主主義派、良識派に属する大多数のヒンドゥーや少数派ムスリムに対抗する、ヒンドゥー・ファシスト集団の暴挙にすぎない。そもそも全インド的に均質で同一の集団心性をもつヒンドゥー集団なるものは、事実問題として存在していない。したがってヒンドゥー対ムスリムという対抗構図の単純な設定と重視は、同時代史としてのインド民衆の民主主義への闘いを刻んだ全過程を否定する結果となる。

ファシズムへ

人民党は組織的にはRSSと密接に連携してヒンドゥー原理主義の宣伝をおこなってきた。しかも同党は上からの指令系統が完備していて、その指令は命令として絶対的な服従を旨としていた。したがって同党は一種の反社会的な戦闘集団としての特徴をもち、地域社会でも「腫れ物」的な存在として人びとの恐怖の対象と化している。バーブリー・マスジッドの破壊活動について、同党は直接関与していないポーズをとったが、そのへんのいい加減さは良識ある人びとに共通する批判点となった。破壊事件への人民党の関与は明々白々たる事実であり、同党の思想と行動にファシズムへの傾斜が認められる。当然、ＢＪＰは創立当初から憲法の基本理念である政教分離主義を「マイノリティズム」、つまり少数派集団の不当擁護主義と勝手に規定して弾劾し、攻撃の手を緩めてはいない。

インドの歴史家や考古学者は、例外なしにアヨーディヤーのラーマ寺院の存在を否定しており、人民党による神話と史実の混同に一貫して激しい批判を加えてきた。そしてバーブリー・マスジッドの歴史的な遺産を尊重すべきだとする立場を表明してきた。そこには、インドの歴史学の健全な発展がしかと反映されている。

半世紀インドの現実

第一一回総選挙の結果

一九九六年の四月から五月にかけて、第一一回総選挙がインドでおこなわれた。総人口九億人のうち、有権者は六・二億人であり、連邦議会下院と西ベンガルやケーララなど五州の州議会で、いっせいに議員選挙がなされた。

BJPの躍進

何よりもまずインド人民党（BJP）の躍進がある。今回は前回より四〇人議席を増やして一六〇人に達し、単独政党としては第一位となった。同党の勢力を州ごとにみると、一位の五二議席（ウッタル・プラデーシ州、八五議席）と二位の二七議席（マッディヤ・プラデーシ州、四〇議席）に続いて、三位の一七議席（マハー

図24　第11回総選挙開票の報道風景（デリー，1996年５月）

ラーシトラ州）、四位の一六議席（グジャラート州）と五位の一二議席（ラージャスターン州）などである。同党は本来マッディヤ・プラデーシとウッタル・プラデーシの両州に拠点をもっていた。改めて同党は北インドのヒンディー語地帯を主体としていることがわかる。会議派の旧基盤は、ＢＪＰによって完全に破壊されたといっても過言ではない。

ついで会議派の敗退にも触れるべきであろう。会議派は有力な拠点をもたず、二桁の議員当選州はアーンドラ・プラデーシ、オリッサ、ラージャスターンの三州であって、マハーラーシトラとグジャラートの両州でも善戦した。ラーオ首相の経済自由化政策も、総選挙に関する限り、全インド的な信任を得てはいない事実を示している。

州選挙の動き

州レベルでは、共産党（M）を先頭とする左翼戦線が西ベンガル州で第五次左翼戦線政府の実現に成功した。同党は七七年以来、一貫して政権の座にあり、工業化プランの実施計画を連邦政府に要請するとともに、民主的な土地改革の実施を進行させ、ベンガル型の農村変革を進めてきた。歴代の州首相はかのジョティ・バスーである。その達成点の一端は貧・雇農層による生産力の解放にあり、七〇年代の同州の米の収量が年五〇〇万トンであったのに対して、九〇年代には一〇〇〇万トンを上回っている事実に集約されている。またケーララ州でも左翼戦線政府が返り咲いた。さらにタミル・ナードゥ州では政権交代があり、ジャヤラリタの率いる全インド・アンナ・ドラヴィダ進歩連盟と、それと同盟した会議派は州議会から一掃された。代わってドラヴィダ進歩連盟が圧勝した。

ＵＦ政権の成立

いずれの政党も院内で過半数に達しない、ドングリの背比べ的な状況のなかで、政党連合は不可避の事態となった。ＢＪＰはシヴ・セーナー（マハーラーシトラ州）とアカーリー党（パンジャーブ州）などと結び、他方では、ジャナター（人民）党は共産党（M）やドラヴィダ進歩連盟、アッサム人民同盟など一〇を超える地域政党を結集した。またインド国民会議派は統一戦線（UF, United Front）政府に閣外協力をすることになった。

ＢＪＰは先の諸政党と連携体制をとり、大統領の組閣要請を受けたが、同党のヴァージペーイー首相は議会での信任投票の前に辞任した。第二弾として九六年六月に統一戦線政府構想が提起され、デーヴェ・ゴーダ（カルナータカ州首相）を首相とする統一戦線政府が発足した。新政府は「寄り合い所帯」ではあったが、諸政党と連携して前ラーオ政権の政策を大筋で継承することになった。九七年三月、かつてインディラの信望を受けた会議派総裁Ｋ・シーターラームは大統領宛に書簡を送り、会議派は閣外協力を撤回すると述べた。結局、首相は交代して、ゴーダ内閣の外相Ｉ・Ｋ・グジラールが新首相に就任し、政治危機はひとまず回避されたが、高齢のシーターラームは党の内外で集中砲火を浴びた。その後、かれはラージーウの妻ソーニアの会議派入党に成功した。おそらくかれは、ソーニアを担ぎだすことで「ネルー王朝」の再現を祈願しているのであろう。

九七年八月一五日

独立半世紀のインドに足を運ぶ機会があった。首都デリーは雨季に特有の暑気と湿気に包囲されていて、通りという通りに張られた、スワルナ・ジャヤンティー（五〇周年）を祝うヒンディー語と英語の横断幕も、息切れしているかにみえた。各地で分離独立そのものの意義を顧みたり、この間のインドの発展を問うセミナーが開かれたりした。これを機に国立博物館では、それぞれの国や団体の支援でギリシア芸術展や日本文化（絵画と書）展も開かれた。夜間には大統領官邸、国会議事堂などの官庁街やインディア・ゲイトが、イルミネーションで飾られ、しだいに祝賀の気運はもりあがっていった。

　五〇年前のその夜にならい、八月一四日の夜、祝賀会が国会議事堂で開かれた。開会にあたり歌い手ラター・マンゲーシカルが、ムハンマド・イクバールの「サーレー・ジャハーン・セー・アッチャー・ヒンドスターン」（世界で最も優れし国インド）を、またビームセーン・ジョーシーがバンキム・チャタジーの「ヴァンデー・マータラム」（祖国インドに栄光あれ）を歌った。新選出のK・R・ナーラーヤナン大統領（ケーララ州、ダリット、つまり抑圧された、不可触民出身）は議事堂で演説して、独立以来、インドが民主的な政府と政治を樹立し、発展させたことを

THE HINDU
India's National Newspaper
Frontline
OPPORTUNITIES
Parliament re-enacts birth of freedom
A new dawn for India: Narayanan
"March of the Nation"
THE NEW GODREJ FREEDOM

図25　インドの代表的新聞（1997年8月15日）の第一面

称えた。同時に汚職などの悪弊を排除するための政府と国民の新しい協力関係を主張した。一五日朝、かのレッド・フォートから、グジラール首相は大小の汚職根絶のための国民のサッティヤーグラハをよびかけ、インドが当面する政治、経済と外交に関して多面的な問題提起をおこなった。とりわけ統一戦線政府の諸与党間の足並みの乱れで不成立の女性議員留保議席の現実、グローバリゼーションのなかでのインド経済の立場の強化や、大国主義指導の核問題への批判的立場の堅持などが基本点として強調された。

またマス・メディアは多彩な企画で半世紀を回顧した。一五日、インドをリードする一新聞は「約束はしたが、未だ果たされず」と題する社説（『ザ・ヒンドゥー』紙、チェンナイ）で、インドという国民国家の存在理由の正統性を前提にした上で、国家の構成部分としての民主主義、政教分離主義と連邦制度を再確認した。同時に五〇年前のネルー演説での指摘、すなわち「貧困、病気と機会の不平等の廃絶という課題」は、依然として今日のインドが直面する課題でもあるとした。その上で、高度技術の発展をみる一方、九・五億人のうちの四・五億人は読み書きを知らず、三・五億人は貧困線以下の生活を余儀なくされているインドの現実への厳しい批判で、社説は結ばれている。

この機会はインドの過去と現在を未来へつなぐ結節点となる歴史的な意義をもった。

インドの歴史研究

独立後の状況

独立は歴史学を含む社会科学全体を飛躍的に発展させる機会をもたらした。インド史研究の分野でも歴史家の研究と社会活動が活発である。最近の例では、一九九五年はじめインド史における生産様式の変遷をめぐるセミナーがデリーで開かれた。まず古代史家R・S・シャルマーは、かのアジア的生産様式や奴隷制的生産様式の古代インドへの適用を退け、ヴァイシャ・シュードラ（農民）的生産様式論の導入の必要性を対置し、主に後期ヴェーダ期を対象にしていた。また中世史家I・ハビーブは封建的生産様式の使用を避け、中世には複数の生産様式が存在するという視角から「中世インド経済」なる概念を提起した。さらに近代史家ビーパン・チャンドラはハムザー・アラヴィーの提唱した植民地的生産様式論を排し、植民地概念は社会構成体を示すに過ぎず、植民地インドは資本主義を含む複合的な生産様式をもつとの観点を提示した。

E・サイードの批判をまつまでもなく、かのオリエンタリズムの呪縛からのインド史研究の解放は、インドの歴史家たちすべてに共通する前提的な課題をなしている。

古代史・中世史研究

この分野でD・D・コーサンビーの残した研究業績は絶大である。古代史はもちろんのこと、インド史研究におよそ関心をもつもので、この研究者の残した作業を無視して通りすぎることは許されまい。わたしもコーサンビーを二度程訪ねたことがあるが、強烈な刺激を得た。存命時、インドの学界でかれは「陰口」の対象とされたが、その死後にはかれの「後継者」が輩出した。その輩出組とは無関係のR・S・シャルマー、ローミラ・ターパルやD・N・ジャーらの活動が注目される。日本側との関係では、辛島昇がその分野で研究交流を設定している。

また中世史研究ではイルファーン・ハビーブを含むアリーガル・ムスリム大学の研究者集団の活動が注目される。ハビーブはムガル朝の社会経済史研究からスタートした。急浮上するヒンドゥー原理主義に対抗するために、デリー大学やネルー大学の研究者とともに、共同して研究者の立場からBJPと対峙する論陣を張っている。もちろんかれは、最近ではたとえばマハートマー・ガンディー論をふくめて現代史についても発言をおこなっている。ところでデリー・スルターン朝に関しては、建築物から特異な史的解明を試みた荒松雄の業績はインド側も注目するところである。その基幹部分は英訳されて然るべきだろう。

近代史研究　近代インド、つまり植民地インドの社会経済史研究では、インド側研究者の活動はこれまた活発な展開をみせている。その領域で地域農業社会の共同研究を日本とイギリスの研究者の間で組織した共同研究（九六年）は、一つの到達点を示すもので、インド側研究者の反応が注意される。この作業での柳沢悠や杉原薫らの役割は注目される。さらに、カースト研究の組織的な展開をインド側に提起する小谷汪之らの共同作業も、インド側との交流を促進する刺激となるだろう。それは日本南アジア学会（八八年創立、年報『南アジア研究』）の国際研究活動の一部をなしている。なお、わたしは八四年に第一次大戦後のインド、中国と日本の個々の農民運動の比較研究を意図し、インド人研究者の参加を得て小研究会を組織した。

民族運動史　五〇年代から独立期の遺産の整理もさることながら、インド史全体の読みかえや読みなおしが始まった。五七年前後に集中して発表されたインド大反乱の研究は、「セポイの反乱」などと矮小化されてきた次元から、見事に反乱像を再構築する機会をもたらした。続く時期のインド民族運動史では、本書でも論じたラージパット・ラーイ、ティラクやB・C・パールの政治史上の役割の再評価問題も提起された。同時にダーダーバーイー・ナオロージーに関しても多大の関心が寄せられた。この領域でのビーパン・チャンドラ（元ネルー大学）の活動には注目せざるをえない。

しかしながら国際的にも最も大きなテーマは、インド民族運動史におけるマハートマー・ガンディーの役割とその評価に関連してである。民族主義の立場に立つ歴史研究が重きをなすインドにおいて、ガンディーは突き放された対象としてより、独立運動の犠牲者、殉教者として研究書でも尊敬対象として扱われた。それは対象の美化への道を用意してはいても、突き放した客観性に裏打ちされた人間像の確定とは程遠いものである。厳密な校訂をへたテキストの刊行、さらには尊敬に規定されながらもガンディーの客観的な人間像を描出するなど幾多の業績が生み出された。農民運動家のサハジャーナンドやヤーグニクによるガンディー批判論も、ガンディー論の不可欠な一部をなしている。

労働・農民運動史

また、M・N・ローイをふくむインドの共産主義運動史研究の分野がある。さしあたり共産党の基礎史料集が刊行されているが、アカデミズムをふくめて充分な研究蓄積が必ずしもなされてはいない。それに関連して、インドの労働運動史研究は個別の争議や組合の創立を中心に、比較的豊富な研究書が出されている。もっとも日本の増大する経済史研究者の間では、ほとんど無視されるか無関心な研究領域をなしている実情もある。

労働運動史と対をなす農民運動史はインドの歴史研究のなかで最も立ち遅れた領域をなしている。そのため、日本側での桑島昭のインド農民思想家研究、アメリカのW・ハウザーによるサハジャーナンドの研究や、イギリスのD・ハーディマンの農民抵抗史研究が、逆にインド人研究者に影響を与えている状況がある。わずかながら、インド側でもハルバンス・ムキヤーの第一次大戦後の北インド農村社会史研究、カピール・クマールのバーバー・ラームチャンドラに関する優れた研究や、全インド農民組合（三六年創立）の概史も二冊だけ刊行されている。

分離独立史など

M・K・ガンディー研究が多かれ少なかれ植民地インドに結びついているとすれば、ネルーはあえていえば独立インドに密接に関わってくる。そのよく知られた著作は植民地段階に書かれている。しかし分離独立を挟んで国家建設の過程でのネルーの位置と役割は、カウティリヤ型政治家S・V・パテールとの対比で、チャンドラグプタ型政治家ネルーという観点からの究明も可能であろう。それはインド型民主主義の構築者の一人としてネルーを定位する作業にも連なる。それにしても「権力の移譲」期に関して、近年のインド内外の研究成果は必ずしも納得できるものではない。研究上の視野の拡大ともいうべき事態が、研究上の視角の動揺を招いている。

サバルタン・スタディーズ

これは八二年にスタートしたインドの中堅的な歴史家集団による民衆史研究の論集（九号まで）の名称である。こうした試みは五〇年代の『エンクワイアリー』誌や、その後『ソルシア・サイエンティスト』誌でおこなわれてきたが、歴史研究者集団としてははじめてである。ここでは二点だけを指摘しておきたい。まず同派は独立後のインドの歴史学の主流とされる民族主義派歴史学をエリート主義史観として批判の対象としている。また独立インドの歴史過程、つまり同時代史研究を研究課題として設定することが忌避されている特徴をもつ。ちなみにI・ハビーブによれば、サバルタン派はケンブリッジ学派に特有のインド・ナショナリズムへの懐疑主義思想を分有しつつ、自らの研究の重点を部族的、地域的な諸集団の「文化的自律」の分析に置き、インド史における文化的なジンテーゼや統一的な諸要因を重視する、ネルー型マルクス主義歴史家（Nehruvian Marxists）への全面的批判を提起する（『フラントライン』誌、チェンナイ、九七年八月二二日、独立五〇周年特集号）。

インドと外部世界

インドが関わる諸課題

中印関係

中印関係では、インド独立前の一九四七年三月に、中華民国に大使派遣がなされていた。K・P・S・メノンが初代大使として南京に赴任したが、これは当時発足していた中間政府が与えられた外交権限を行使したものである。早くも四九年一二月、インドは中華人民共和国を承認した。非共産圏ではビルマに次いで、二番目の承認国で、翌五〇年四月にはK・M・パニッカルが新中国の初代大使として北京に赴いた。

五四年四月、中印双方は「中国・チベット地方とインドとの間の通商・交通に関する協定」に調印し、その前文で、パーンチ-シーラ、つまり平和五原則が規定された。これを受けて同年六月に周恩来とネルーが共同声明を発表した。その内容は、⑴領土主権の尊重、⑵相互不可侵、⑶内政不干渉、⑷平等、互恵、⑸平和的共存である。この原則は中印両国間のみならず、その後広く国際関係に適用されるべき一般原理として定着する。その意味では、この問題提起は戦後の米ソ対立を軸とする冷戦体制に抗議する新生アジア側からの熱いメッセージでもあった。

ところで中印間では、現実には平和五原則に双方で泥を掛け合う事態が発生している。具体的には、中国側がインド側への通告なしに一九五七年、カシミールの北方、ラッダークの北辺に隣接するアクサイチン地方で、チベットと新疆地方を結ぶ自動車公路を建設した。また東部では、いわゆるマクマーオン・ラインを中印間の名実ともに国境線とする理解がインド側では支配的であったが、五〇年代半ばから両国間で国境侵犯が伝えられ、五九年のチベット反乱とダライ・ラマのインドへの亡命を機に、中印関係は一挙に緊張し、六二年にはついに双方の軍隊が戦火を交えた。この中印国境戦争は一ヵ月の間続行された。停戦の実現後、両国間では交渉が断続的に進められた。

その後、中国側はインド側が西部セクターのアクサイチン地区での譲歩をおこなうならば、東部セクターでのインドの主張、つまりマクマーオン・ラインを承認する用意があるとの提案を試みた。つまり中国はインド側に最終判断を求める提案をしたわけだが、インド側は平和的な解決を繰り返すだけで、具体的な反応を示していない。

非同盟運動

五五年四月、インドネシアのバンドゥンで開かれたアジア・アフリカ会議は二九ヵ国、一四億人を代表する国際会議であった。当然のことながら、上述の平和五原則はこの画期的な会議が採択した平和一〇原則のなかに盛り込まれている。

六一年九月、ベオグラードで第一回非同盟諸国首脳会議が開催され、アフリカを含めた二五ヵ国が参加し、自主的外交の追求、軍事同盟への不参加と民族解放・民族独立運動の支持などが参加諸国の義務であることが確定した。その立役者はインドのネルー、エジプトのナーセル、それにユーゴスラヴィアのチトーであった。ネルーは一九六四年に他界するが、戦後アジアと戦後世界の平和と国際協力の促進のうえで不滅の足跡を残した。

非同盟運動はその後も継続して展開され、南アジアに関するかぎり、第五回会議がスリランカのコロンボで、さらには第七回会議がインドのニューデリーで、七六年と八三年にそれぞれ開かれている。そして非同盟運動は当初の政治的な理念提起のうえに、身の周辺の具体的な要求提起を積み上げてきている。とくに七〇年代から、こうした傾向は明らかであって、七三年の第四回会議ではアルジェ憲章が採択され、資源の国有化と新国際経済秩序の確立が提唱され、翌年の国連総会において後者は正式に承認された。この間、六〇年代初頭から資源はその産出国の民衆に帰属するという資源主権が、国連の場で討議されつつあったが、非同盟運動の側も、これを七〇年代の国際関係において基本理念として定着させた。

紛争地域カシミール

その北東部に位置するカシミールは、独立インドのアキレス腱である。この地域の帰属をめぐって、インドとパーキスターンの間では三回にわたる戦争がおきた。最初は四七年の印パ分離独立時であり、六五年、ついで七〇年である。

もともと印パ分離独立は、ヒンドゥー多数地域とムスリム多数地域を二分するという原則で遂行された。そのために同一の言語使用集団が宗教上の相違によって別々の国民とされるという文字通りに不当、かつ不可解な事態が生まれた。具体的に分離独立による、直接の分割対象地域を一瞥《いちべつ》すれば、この点は容易に明らかである。この分離はパンジャーブの場合、パーキスターン側にムスリム・パンジャービー集団、インド側にシクまたはヒンドゥーの両パンジャービー集団に分離居住する事態を生み出した。東部のベンガルの場合、ヒンドゥー・ベンガーリー集団はインドに、またムスリム・ベンガーリー集団は移住したムスリム・ビハーリーとともに東パーキスターン（現バングラ・デシュ）に分離することになった。

印パ分離独立時、大半の藩王国がインドへの併合を承認したのと対照的に、カシミールではヒンドゥー藩王が去就を決めかねていた。藩王がインドへの併合を決意したのは、パーキスターン側からのカシミールへの軍事介入を理由としてであった。インド側は軍事的対応を無条件に引き受けたのではなかった。印パ両軍の衝突は続き、結局、四九年一月に国連の調停で停戦がなり、カシミールは三分の一がパ領で三分の二をインド領とする停戦ラインが引かれ、これが事実上の国境線として今日に及んでいる。第二次印パ戦争も双方の軍隊による停戦ラインの越境を主たる理由として発生した。

このようにカシミールはかつての風光明媚な、四季の変化の美しい観光地たる地位を失い、パーキスターン併合派、インドとの結合強化派、それにカシミール独立派が加わり、三者間の対立を中心にして政治的な泥沼地帯と化している。長期の藩王支配を背景に、独立後インド政府による自主権尊重の立場からする、憲法の不適用方針という条件に置かれてきた。宗教的な観点からすれば、全体としてはムスリム多数州であるが、カシミールはラッダーク地方で仏教徒、ジャンムー地方でヒンドゥー、それにジェールーム渓谷でムスリムが、それぞれ多数派を占めるという複合的な構成をもつ。同時にカシミールの北辺は中国領土に接するという、インドの戦略的な要衝をなしている。インド政府は一方で民主化、政教分離化の一定の努力を払っているが、反政府勢力と政府軍との衝突も重なり、問題解決への糸口はまだ見い出されていない。

NPTの否定

七四年五月、時の首相インディラ・ガンディーはインド西部のラージャスターン州で地下核実験に成功したと発表した。もともと南アジア世界での原子力開発はインドが先頭を切っていた。カナダをはじめとする西側諸国はインドの原子力の平和利用の拡大に好意的に対応してきた。しかしこの核実験の結果、非同盟運動の旗手インドは国際世論の集中砲火を浴びる破目になった。

ところで、インドの核実験に先立つ七〇年三月、米ソ英三国が調印していた核拡散防止条約（NPT, Nuclear Non-Proliferation Treaty）が発効した。この条約は、実は既存の核保有国の核兵器独占体制を排他的に保障するものにほかならない。これには先進資本主義国を中心に世界各国が相次いで調印――日本は七六年に批准――したが、かの核実験を一回だけにとどめたインドはこの条約に否定的な態度を示し、調印を拒否した。周知のように、ＮＰＴは九五年に自動延長された。さらに九六年九月には、インドは国連総会の場で包括的核実験禁止条約（CTBT, Comprehensive Test Ban Treaty）案に反対票を投じて、国際社会で孤立する事態を迎えた。

インド側による、この条約拒否の背後にある論理について一考することは、インドの外交政策のみならず、インド政治の特徴を理解するうえできわめて重要である。

プラカーシ・シャー国連インド大使（前駐日大使）は在日時の九三年、NPTが核拡散防止を理念として掲げながら、核保有国は核兵器の全面的廃棄どころか、その独占体制を強化していると痛烈に批判したことがある。その保有国とは国連安保理常任理事国である米、英、ロ、仏と中国にほかならない。しかも同大使は、日本がアメリカの核の傘のもとにあるとの認識を示し、「ヒロシマとナガサキの悲劇を二度と繰り返してはならない」と発言した。NPTと同様、CTBT案に対するインド側の主な疑問点を挙げると、①核保有国は核実験室でのシミュレーション・テストやコンピューター作戦をおこなう自由をもつ、②非保有国による平和目的のための核開発が制限されている、③核原料の使用と核技術の移転をめぐり、非保有国だけに恒久的な制限を課している、④保有国のみが自らの安全保障を考慮して核実験を継続する選択権をもつ、⑤非保有国は自国産の核資源の活用すらも否認されるという、保有国による非保有国の主権否定が明らかである、さらに⑥短期、長期を問わず核兵器の全面的な廃棄がどこにも規定されていないなどである。

以上から導きだされるインド側の結論は明白そのものである。何よりもまずアメリカをはじめとする核保有国のいわれなき独善であり、インドなど非保有諸国に対する不当な差別である。また核問題に集約されているように、インドを含む南側諸国が先の国連安保理常任理事国に対して不信感を増幅させ、常任理事国覇権主義に対して対決する姿勢をみせていることも確かである。九六年夏、ジュネーヴでCTBT案を討議中のインド外交代表と会談した平岡敬（広島市長）は、帰国後、「インドの核方針はきわめて理路整然としている」と感銘のほどを語っているが、それは的を射抜いた評価であるといえよう。

東アジア最大のアメリカ軍基地を沖縄にもつ日本、さらにはその基地へのアメリカ軍による核兵器持ち込みの疑惑は大だとみられている日本が、その外務省を先頭にして指導者気取りで、訪日するインドの政治家に向かいNPTやCTBT案の調印を説得する光景などは漫画的であって、笑止の沙汰の限りである。

日印関係の展開

歴史的には、インドと日本はまず仏教を通じて関わりをもった。仏教は六世紀に日本に伝来した。すなわち朝鮮の百済の聖明王が日本に仏像と経論を贈ったのを機にしている。その後、平安期には間接的にせよ両者は相互に一歩近づき、九世紀はじめに唐に留学した空海（七七四〜八三五）は長安の青竜寺で真言密教の伝授を受けて帰国した。その地でサンスクリット語を習得した空海は、その音韻構成に基づき、日本語の音韻を体系化した「五〇音図」を創った。一二世紀、インドでは仏教は滅びるが、それに無知なまま、日本では西方浄土としてのインドへの片思いは、いやが上にも募った。

その後インド史の変化が伝わるのは南蛮人、つまりポルトガル人を通じてであった。インド中世のムガル朝の興亡は、長崎の出島を通して伝えられた。また、江戸末期の洋学派の高野長英や渡辺華山は、イギリスによる植民地インドの現実をしかと認識していた。他方、佐久間象山はかのインド大反乱を「英領インドの人民の大乱」として捉え、勃発した年の暮れに反乱を確認していた。当然のことながら、それは日本人の対インド観の一大転換を意味する。徳川幕府による厳しい鎖国体制も、外部世界の潮騒の侵入までは阻止できなかった。

明治から大正、昭和前期の日印関係は多難な時代であった。脱亜入欧を旗印とした近現代の日本にとって、インドは綿花購入先という貿易上の実務以外は関心対象から外されていた。学問分野としては仏教学がインド古典語学習とともに明治期に帝国大学を中心に確立されたが、その研究上の特色は、植民地インドの民衆とその言語、文化や歴史に対する理解や学習とは一切無縁のところにあった。仏教の興亡をインド古代社会の変動のなかで把握する研究視角の確立は、インド独立後のインド人歴史家の活動まで待つほかはなかった。また社会科学の側からするインド分析のパイオニア的なドリルの打ち込みは、『帝国主義下の印度』（矢内原忠雄、一九三七年）の発表まで待つ必要があった。それは奇しくも日中戦争拡大の第二段階を画する年にあたっている。その翌年、ベンガル文学のタゴールは長年親交のあった詩人野口米次郎と絶交した。つまりタゴールにより「アジアの為と云いながら、中国侵略を進める日本と決別する」重要な選択がなされる。この事件はいわばアジアの立場からする「脱日」の第一歩であった。

第二次世界大戦後、独立インドと日本の相互関係は、核問題を除けば、概して良好な経過をたどってきた。一つには六二年の中印間の国境戦争に見られるような政治的、軍事的な紛争要因を日印双方はもたなかった。

インドが社会主義型社会の経済建設を掲げていた段階では、日本側は鉄鉱石輸入をもっぱら促進し、重化学工業の発展政策に側面から協力する態勢をとり、日印関係は目にみえる派手なものではなかった。しかし一九八〇年代以降、インドは経済の自由化への第一歩を踏み出し、九〇年代、とりわけ九一年七月のナラシンハ・ラーオ内閣の自由化政策の導入は日印関係を新しい局面に導いた。ソ連、東欧の崩壊、米ソ対立の解消や市場社会主義を掲げる中国の変動といった新事態は、インドのソ連寄りという従来の方針を転換させた。他方で日本経済もまたバブル経済の崩壊を創出し、自己の経済政策の修正を求めていた。

政治的な観点からみればインドは議会制民主主義国家であり、そこで頻発する政情不安現象はその制度的不安定性に直結しない。その点に日印関係を強化すべき理由があるとも主張されている。しかし経済自由化政策自体は、深刻な矛盾関係をインドにもたらすことだけは必至である。五〇年代末、さるインド人有識者は、日印関係が無知の相互交流(mutual exchange of ignorance) を基盤としていると評した。ところで現在の日印関係はそこから何歩進んでいるのか、自らを省みる必要性は依然として存在している。

サークルの創設と展開

小国からの問題提起

一九六九年末のことである。第二次印パ戦争の余波で、インドのカルカッタと当時東パーキスターンのダッカを結ぶ空路は閉鎖されたままであった。その際のわたしの南アジア訪問は、残す所、東パのみであった。やむを得ずわたしはカルカッタからネパールの首都カトマンドゥに飛び、そこからダッカに向かった。しかしPIA（パーキスターン航空）機は「技術上のトラブル」を理由にしてビハール州上空でターンし、予期せざるカトマンドゥの一夜を過ごした。カルカッタ—ダッカ間は飛行機でおそらく一時間足らずの旅であろうが、わたしは三角形の長い二辺を一昼夜旅行したことになる。わたしのダッカへの道は遠かった。

ところで南アジア諸国間に域内協力機構ができあがるのは、他地域に比べて遅れていた。たとえばＥＣやアセアン（ASEAN）は六七年に発足していた。ここで取り上げるサールク（南アジア地域協力連合）の組織化は八五年のことである。

南アジアにおいて地域協力機構の実現の必要性を具体的に提起したのは、インドではなく新生の小国バングラ・デシュであった。グローバルな形で北側の先進資本主義諸国による南側の発展途上国への収奪の持続と、それに基づく南北間の経済的な格差の拡大は、いわゆる南北問題を生み出してきた。六〇年代のアセアンの創設は南北問題に対抗する南南協力の一形態であり、南側諸国の一つの結集形態であったが、遅れをとったとはいえサールクも同質のものであった。バングラ・デシュの第二代大統領ジアウル・ラフマーン（一九三六～八一）は七七年にインドとパキスタンを、また七九年にはスリランカも訪問している。この間、ネパール国王がバングラ・デシュを訪れた。こうした作業のうえで、ジアウルは八〇年五月の各国首脳宛の書簡で、経済、技術、科学、教育、社会と文化といった諸領域での協力を目指す、地域フォーラムの設置と首脳会議の開催を提案していた。当初、印パ双方は先のような事情から、ジアウル提案に原則的には同意しても積極的な反応はみせなかった。

それでも八〇年六～九月の国連総会への出席時、南アジア七ヵ国の外相は二国間係争問題を除き、地域協力の必要性に合意し、同年一一月にはバングラデシュ政府によって地域協力提案が発表された。翌八一年から一連の七ヵ国外務次官会議が開かれ、協力関係の細部のつめがなされた。これを受けて八三年八月の七ヵ国外相会議（ニュー・デリー）では、南アジア地域協力宣言が採択された。

サールクの結成

八五年一二月、バングラ・デシュのダッカで南アジア七ヵ国の首脳会議が開かれ、ここに南アジア地域協力連合（SAARC, South Asian Association for Regional Cooperation）が正式に発足した。

そこで採択されたサールク憲章は短いもので、前文と一〇ヵ条からなる。以下にその概要を示すと、前文では組織の諸理念として①国連憲章と非同盟の諸原則に依拠して域内の平和、安定、親善と進歩を促進すること、②相互依存の増大する世界にあって南アジア地域での平和、自由、社会正義と経済的繁栄という諸目的が達成されるべきこと、③南アジア諸国民の共通問題と利益と抱負を認識したうえ、共同行動と協力が必要であること、④南アジア諸国の地域協力は地域国民の福祉の増進と生活の質の改善に相互に必要であること、⑤南アジア諸国の経済的、社会的かつ技術的な協力は国家的、集団的な自立に資するものであることなどが提起された。

続いて第一条の目的では、(a)南アジア諸国民の福祉の増進とその生活の質の改善、(b)地域の経済成長、社会進歩と文化的発展を促し、全個人に尊厳のある生活と潜勢力を理解させる機会をもたらすこと、(c)南アジア諸国の集団的な自立の促進と強化、(d)相互の信頼、理解と称賛に資すること、(e)経済、社会、文化、技術と科学の諸分野での協調と援助の促進、(f)共通の利害問題をめぐる国際フォーラムにおける諸国の協力の強化、(g)類似の目的をもつ国際的、地域的な諸機構との協力が規定されている。以下の諸条項で原則、首脳会議、閣僚評議会、常任委員会、各種専門委員会、各種行動委員会、常設事務局、財政措置などの諸規定がなされ、最後に第一〇条では、すべての段階での決定は全会一致とし、二国間係争事項は審議から除外されると規定している。

七ヵ国の署名者は、バングラ・デシュのH・M・エルシャド大統領、ブータンのJ・S・ワンチュク国王、インドのラージーウ・ガンディー首相、マールディヴのM・A・ガイユーム大統領、ネパールのB・B・ビクラム・シャー・デーウ国王、パキスタンのM・ジアウル・ハック大統領とスリランカのJ・R・ジャヤワルデネ大統領であった。

サークルの展開

この機構の発足とともに南アジアはその政治、経済、社会、文化や域内国際関係の面で新しい段階にはいった。遅蒔きながら、サークルの発足はこの地域が地域協力国として国際社会に仲間入りするという新局面への移行をも意味していた。

この機構のこれまでの活動とその実績をみれば、その点は確かなものである。何よりまず、サークル常設事務局は八七年一月にネパールの首都カトマンドゥに設けられた。この機構の具体的な統合行動計画としては、八三年の外相会議で合意をみた既述の九分野に加えて、教育、麻薬取引の防止と同使用の予防、開発計画における女性の役割および観光事業の四分野が協力活動の対象とされた。また、加盟国による個別の協定締結にも注目すべき動きがみられた。第三回首脳会議（八七年）に先立つ閣僚会議では「テロ抑止に関する地域憲章」と「南アジア食料保障備蓄設置協定」が締結された。後者では地域災害に対応する食料備蓄量を二〇万トンと設定した。さらにいくつかの専門地域センターが加盟した各国に設置されている。具体的には、サークルを冠するドキュメンテーション・センター（ニューデリー、八六年）、農業情報センター（ダッカ、八八年）、結核センター（カトマンドゥ、九二年）と気象センター（ダッカ、九二年）である。

他方、経済協力の面では九〇年代にはいると、サークルの域内貿易は着実に上昇傾向を示した。インド商工会議所連合によると、域内貿易額は一八・二億米ドル（九一年）から二二・二億ドル（九二年）に増加し、パキスタンとバングラデシュ間では倍増している。その推計によれば、今世紀末までには貿易総額は一〇〇億ドル以上に達する。また第七回首脳会議（ダッカ、九三年）では特恵貿易措置協定が締結され、工業中心国インドと周辺国の貿易関係で周辺国が不利益、かつ不当な条件に置かれることを是正する条件が設定された。これには南アジアの主要諸国が、九〇年代に相次いで経済政策面で自由化に踏み切った状況も反映していた。九七年五月、サークルはアラビア海に浮かぶマールディヴ共和国で第九回サミットを開催した。その最終宣言では二〇〇五年までに、南アジアの域内での貿易自由化の構想を実現させるための域内特別優遇協定を締結して、経済交流を促進することが決定された。

このように、サークルは物心の交流の面で着実にその成果を積み上げてきている。同時に、それは米ソ対立の解消とソ連、東欧の解体という新状況への南アジア地域からの対応としても積極的な側面をもっており、グローバルな規模で進みつつある国家主権や国民国家の相対化状況へのこの地域の対応でもあった。

世界のなかの南アジア人集団

華僑と並んで世界に知られている社会集団に印僑（Overseas Indians）がある。ここでは、第二次大戦後までの段階に限定して印僑なる用語を歴史的に使用し、その概要を示す。かつて主に英帝国内と日本などを含む英帝国外に拡大、居住していた印僑は、大別して三カテゴリーに分類される。

印僑の三形態

一つは、一八三三年に奴隷制が英帝国で廃止されてから、イギリス人プランテーション経営者が労働力不足に直面し、その需要の充足を植民地インドに求めたタイプである。労働者の渡航先は南アフリカからモウリシャスなどに広がった。分野は紅茶、コーヒーやゴムのプランテーションのみならず、土木建設向けの年季契約労働であった。一般にかれらは五年契約であって、帰国の際の旅費は保障されていた。現代イギリスの英帝国史の研究者ヒュー・ティンカーは、この契約労働制度を新奴隷制度（new system of slavery）とよんでいるが、その労働条件は苛酷の一語に尽きた。超過密な居住条件、貧しい医療や人権無視は、これらの労働者にとって共通の打破すべき課題であった。この制度は第一次大戦後の一九二〇年にはようやく廃止されている。

第二には、主に東南アジア向けの労働者を対象とするカンガニ（kangani）制度がある。この制度は南インドのタミル人労働者の間でおこなわれ、カンガニと呼ばれる口入れ屋、または請負人により同郷、同一カースト出身者を対象として労働者の募集がなされ、家族単位で移住がなされる場合もあった。このカンガニは、送り込み先の職場のマネージャーと労働者の賃金や労働条件について交渉する権限を与えられ、人によってはこの両者関係を主従（patron-client）関係であると規定している。スリランカの場合、一九世紀後半に大量のインド系タミル人が紅茶生産のプランテーション労働者として移住した。一説ではイギリスが、怠惰なシンハラ農民の雇用を避けてインド系タミル人を投入したというが、実際はむしろイギリスが帝国主義時代にふさわしい分割支配政策をこの地に実施したと理解されよう。その集団は、印僑という一般的な呼称よりは海外タミル人（Overseas

Tamils）とすべき存在なのであって、その移住先は東南アジア一帯に集中していた。

第三に東アフリカへのインド移住民の場合がある。そこへは西部インドのグジャラートと、北のパンジャーブからそれぞれグジャラーティー集団とシク・パンジャービー人集団が移住した。かれらは主として、ケニアのモンバサとウガンダのカンパラを結ぶウガンダ鉄道の建設と、その付随事業に従事した。その大半は一定の契約制度のもとで職人や書記として現地に赴いたが、相当数の商人もいた。かれらは第一の事例のようなプランテーションン・クーリー（苦力）ではなく、シクの場合、ジャート系シクとラームガリア（職人カースト）系シクが圧倒的であった。かれらは海外パンジャービー人（Overseas Punjabis）として、帝国主義者が動員した戦争種族の主要集団でもあった。かれらの移住先は東南アジア、カナダや北米といった環太平洋地域に拡大した。グジャラーティーの場合、シクとほぼ同様の職種につき商人として資産をなす者も現われ、印僑というよりは海外グジャラーティー人（Overseas Gujaratis）とよばれるものであった。

最後に印僑と総括できるか否か疑問の余地はあるが、植民地期にイギリス本国で政治活動を果たしたインド系政治家について述べたい。かれらはイギリスの現代史家の関心外にあるが、反面インド近現代史家の独立運動史の叙述でも充分とはいえない。その一群の政治家として、ダーダーバーイー・ナオロージーや、シャープルジー・サクラットワーラー（一八七四〜一九三六）らが指摘されよう。

すでに述べたようにダーダーバーイーは会議派指導者としてよく知られた存在であるが、かれは一八九二年から九五年にかけて、インド人としてはじめてイギリス議会議員（ロンドン選出）を務め、帝国主義批判を最初に提起した。さらにタータ一財閥の一員で、その創始者J・N・タータ一が母方の叔父にあたるシャープルジー・サクラットワーラーは、ロンドンで政治活動に関与し、イギリス労働党からイギリス共産党へと活動舞台を移した。かれは一九一六年創立の労働者福祉連盟を全インド労働組合会議（AITUC）のイギリス支部とするうえで決定的な役割を演じ、二六年の反帝国主義同盟の創設に際してネルーとともに執行委員になった。そのかれは二二、二四年の二度にわたり、バターシー北部選挙区から共産党議員としてイギリス議会に選出された。さらに三〇年代の英印関係史で注目される、在英のインド連盟を率いたクリシナ・メノン（一八九七〜一九七四）がいた。かれは「ペンギン叢書」（ロンドン）の考案者でもあった。独立インドではネルー内閣の国防相に任命されている。この他にベンガル人医師を父、スウェーデン人を母にしてイギリス共産党の創立者の一人となったR・パーム・ダットがいる。

八五年夏、わたしは北部イングランドの旧産業革命都市ブラッドフォードにいた。学園都市リーズの近く、なだらかな丘陵に、やや深い渓谷を刻みこんだブラッドフォードには、パーキスターン、主としてミールプルからのムスリム移住民社会が成立している。その日、ブラッドフォード市庁舎に市長を表敬訪問した。市長はパーキスターン系でミールプール出身であり、労働党の候補者として立候補し、当選していた。約束の時間に市長室を訪ねるや、年配のイギリス人秘書を伴い、きちんと正装した市長が姿をみせた。かれは気さくにパーキスターンを離れてイギリスに渡来してからの略歴を語り、病めるイギリスの今日的状況のなかで、移住民の直面する住居、雇用と教育といった諸問題を説明してくれた。かのイギリス人秘書の立ち振るまいに、わたしはふと四七年までイギリス人支配者のサーヴァントとして存在したインドの人びとの姿を重ねていた。

南アジア人社会の形成

現在、世界に拡大、居住している海外インド人の概数は、およそ一三〇〇万人といわれている。第二次大戦後、イギリスを含む西欧世界は労働力不足を主因として旧植民地、新興国から大量の移住民を迎えた。ここで対象とするイギリスの場合、インド、パーキスターン両国のみならず、アフリカなどから移住してきた印僑がイギリス当局によりアジア人

(Asians) と呼称され、イギリス社会の不可欠の構成部分となった。具体的には全体で三〇〇万人を超える最近の数値は、この移住民の二世、または三世を含むものである。ちなみにイギリス総人口は、五一四七万人(一九九一年)である。イギリスにはこの他にカリブ海地域からのアフリカ系カリブ人も居住しているわけで、今日のイギリスは文字通り多人種、多文化、多宗教国家であって、一言語、一民族、一宗教、一国家という西欧世界の理想的なモデルであった旧国民国家はすでに存在していない。

当初、イギリスへのインド系移民の移住は五〇年代以降、未熟練労働者を中心としていたが、その流入度の上昇に驚いたイギリスは六二年に英連邦移民法を施行して、いわゆる割り当て制(voucher system)を導入し、移住民制限をおこなった。これによって未熟練労働者に代わり、教育程度の高い熟練労働者の受け入れへと方針転換が試みられた。その後、採択された一連の移民規制によって、イギリスへの大量移住には歯止めがかけられた。もともと独立後のインド政府は、海外の印僑に対して属人主義ではなく属地主義に即して身を処するべきだとの方針を打ち出し、一定の理にかなった問題処理がなされてきた。その限りにおいて、東アフリカのアジア人は英連邦の臣民として「保護」され、英本国への移住権の行使という条件や可能性をもっていた。他面ではインド系タミル人労働者のよう

図26　ロンドン(イーリング区サウソール)のインド人居住区(1985年7月)

に、かれらはスリランカ政府により無国籍の棄民として放置されるという文字通り悲惨な事態が生まれた。

イギリスに居住する南アジア人集団は、多国籍企業の経営者から未熟練労働者まで職業分布は多様である。そこではかれらは明らかに、「持てる」集団と「持たざる」集団の二群に緩慢ではあれ確実に分化しつつある。とくにインドとパーキスターン出身者の間では専門職といわれる分野で活動する人びとが目立ち、イギリスの議会議員や地方自治体での首長や議員の存在もさることながら、大学教師、弁護士や、かの『悪魔の詩』を書いたサルマーン・ルシディーが挙げられる。またマス・メディアの分野での南アジア系出身者の活躍ぶりも注意されよう。八九年、ロンドンのイーリング区サウソールに本局をもち、レスターなど地方リレー局をもつ放送局が、インド人経営者により新しく開設された。二四時間放送の「サンライズ放送」(Sunrise Radio)では英語はもちろん、ヒンディー、ウルドゥー、パンジャービーやグジャラーティーといった現代インド諸語による、ニュース、同解説、インド音楽や講話などが主内容をなしていて、放送はイギリス全域で聴取可能である。

人種差別との闘い

流入してくる南アジア系移民やアフリカ系移民に対して、受け入れ国(host country)としてのイギリスの一部にはアングロ－サクソンの「純血」性が失われるとする危機感が増大していた。この主張者はイギリスの保守勢力であり、また英国国民党(六〇年創立)や国民戦線(六七年創立)といったファシスト勢力であった。

歴代保守勢力のなかでは、イーノック・パウェル議員のような移民の急増を目前にしての「血の流れる川」演説(六八年)や、首相就任直前のマーガレット・サッチャー議員のような「移民集団による英国文化の水没」発言(七八年)が相次いだ。さらに最近では九三年九月、ロンドンのタワー・ハムレット区で同区議会議員の補欠選挙がおこなわれ、英国国民党候補者が労働党候補者を七票の僅差で破り当選した。地方自治体へのファシスト議員の初当選がなされたという点で、それは国の内外で注目の的にされた。同区はバングラデーシー人が二二%を占める、貧困移民地域である。英国国民党の公約は「白人の権利回復」にあり、具体的に①白人とアジア人の別々の学校が設置されること、②新住居施設はイギリス人にこそ最初に配分されること、③われわれはイースト・エンド育ちの地域代表者を選び、二流市民の地位を脱却することなどが掲げられていた。

確かに南アジア人集団は、新しい生活環境としてのイギリスで先にもふれた住居、雇用と教育の諸問題に直面して、困難さを切り開いてきたが、その共通する最大の課題は人種差別である。こうした人種差別は制度的な面と日常的な面の双方に及び、移民が英国民として権利・義務関係を行使するうえで不断に自己防衛をすべき状況に置かれている。白人社会のなかの有色系マイノリティーとして、いつ、どこで不当な処遇を受けるか、誰も知る由はないからである。そこではアフリカ系カリブ人や南アジア系移民を目標とする、レイプ、殺人、住居への放火や暴行傷害などが日常茶飯事である。そこでの社会学や政治学などの分野での最大の関心事は、民族問題や人種問題などを包括するエスニシティー論に集中しているが、それもこうした状況の反映であるといえよう。

もちろん南アジア系移住民はこうした差別を黙って甘受してきたのではなかった。七〇年代に始まる南アジア系移民の一連の労働争議や反ファシスト運動は、いずれも反人種差別運動の性格をもっていた。具体例としては、中部イングランドのレスター市のインペリアル・タイプライター争議（七二年）、反ファシスト運動の高揚のなかで発足したサウソール青年運動組織（七六年）や、ロンドンのグランウィック現像所争議（七六〜七八年）などが挙げられる。これらの運動や活動を通じて、インド人、とりわけ女性たちは、自分たちにまつわる従順で淑やかな「東洋的」性格のもち主であるといった神話を破壊した。それは皮膚の色や性の相違を超えて、あらゆる人間は人間として対等であるという尊厳そのものを取り戻す過程でもあった。

かのグランウィック現像所争議の女性リーダーであるジャヤベーン・デサイは、インドのグジャラート生まれで、東アフリカから夫とともにイギリスへ移住してきた経歴のもち主である。人種差別を含む不当な労働条件に抗議する争議の際、彼女は経営側に対して次のように述べた。「あなた方がここで経営しているのは工場ではなくて動物園なのです。動物園にはいろんな種類の動物がいます。一部のものはあなた方の指先にあわせて踊るモンキーですが、他はライオンであって、ライオンたちはあなた方にがぶりと噛み付くこともできるのです。私たちはそのライオンなのですよ。支配人さん」。

南アジア世界、一つの展望

独立インドが、ほかの新興独立諸国とともに戦後世界の国際関係で果たしてきた役割は多大であった。非同盟運動一つをとってみても、その足跡は大きいが、日本の場合、近年、マス・メディアを中心にこの運動が依然としてもつ重要性に関してはほとんど注意を向けていない。したがって、インドを含む第三世界の状況についての把握や理解が一面的であり、当然、わたしたちのパーセプションもまた歪んだ特徴をもたざるをえない。わたしたちがNPTやCTBTをめぐるインド側の主張にどれほどの関心を向けてきたか、わたしたちは自国の立場を顧みるうえでも思い切った認識転換を迫られている。このニュー・デリーの問題提起は、ヒロシマ、ナガサキや沖縄の諸問題につながってくるものである。

さらに、発足して一〇年を経過したサールクにみられる南アジア地域の対抗関係や統合関係について、一段と注目されていいだろう。カシミール帰属問題はさておき、本来、この地域は一国の内政問題が二国間の外交問題に直ちに転化する特性をもつ。一九九二年のインドのバーブリー・マスジッド破壊事件は、パーキスターンやバングラ・デシュでインドに対する激烈な抗議運動を派生させ、死人まで出した事実として想起される。それと同時に、南アジアの大国である印パ間に政治統合の求心力が作動している事実がある。つまり一国の対抗的な国家統合政策が、全体としては南アジア地域民衆の地域統合を促進する特性を示している。たとえば、パキスタン政府のウルドゥー語の国語化政策の推進と、インド政府によるヒンディー語の連邦公用語化政策の促進を対比してみよう。両言語は文字と抽象的な語彙の相違は別にして文法上はまったく同一であり、両者の普及により印パ両国民は、意志疎通のための広大な日常語の世界を分有し、拡大している結果になっている。

ところで第二次世界大戦後、南アジアなどからの大量の新移住民を抱える現代イギリスの立場に関して、「移民、難民、国内の少数民族への対応として西ヨーロッパでいま起きている二つの潮流は、フランスを代表格とする同化論と、英国、オランダ、スウェーデンなどの多元文化受容論だ」（社会学者ジョン・レックス『朝日新聞』一九九五年九月二四日）

という指摘がある。イギリスの南アジア人集団を含む複合的なエスニシティー集団について、優れた研究を重ねてきたこの研究者の発言は、今日の日本の多民族的状況に照らしても他山の石となる重みを語っている。文化相対主義なる考え方は一般性をもちえないまでも、多文化主義を志向するエスニシティー諸集団の共存と共生は、「人種のルツボ」論や同化論という名の差別を拒否するところにあらゆる出発点をもっている。

参考文献（すべて刊行年順に著者別。なお英語文献は冒頭に一括した）

一　般

(1) 日本語文献

江口朴郎『帝国主義と民族』東京大学出版会、一九五四年
山本達郎編『インド史』（世界各国史10）山川出版社、一九六〇年
荒　松雄『ヒンドゥー教とイスラム教』岩波新書、一九七七年
近藤　治『インドの歴史』講談社現代新書、一九七七年
同　『インド史研究序説』世界思想社、一九九六年
木畑洋一『支配の代償―英帝国の崩壊と「帝国意識」―』（新しい世界史5）東京大学出版会、一九八七年
辛島　昇『南アジア』朝日新聞社、一九九〇年
同　『南アジアの歴史と文化』放送大学教育振興会、一九九六年
山崎利男・高橋満編『日本とインド　交流の歴史』三省堂、一九九三年
押川文子編『南アジアの社会変容と女性』アジア経済研究所、一九九七年
辛島昇他監修『南アジアを知る事典』平凡社、一九九二年
歴史学研究会編『世界史年表』岩波書店、一九九四年

(2) ヒンディー語関係文献

田中敏雄他『エキスプレス・ヒンディー語』白水社、一九九〇年

土井久弥『ヒンディー語小辞典』大学書林、一九七五年

古賀勝郎『日本語－ヒンディー語辞典』私家版、一九九六年

Antonova, K. A. *et al., Bhārat ka Itihās : Saṅkṣipt Rūprēkhā* （インド史概観), Moscow : Pragati Prakāśan, 1984

Kuwajima, S., *Sākṣātkār*(故ヤドゥ・ナンダン・シャルマーとの対談), Patnā:Pratyakṣa Prakāśan, 1996

(3) 英語文献

Sarkar, J., *Shivaji and His Times,* Bombay : Orient Longman, 1992(1919)

Bhattacharya, S., *A Dictionary of Indian History*, New Delhi : Cosmo Publications, 2 vols., 1994 (1967)

Basham, A. L. (ed.), *A Cultural History of India*, New Delhi : Oxford University Press, 1975

Sen, S. P., *The North and the South in Indian History : Contact and Adjustment*, Calcutta : Institute of Historical Studies, 1976

Bazaz, Prem N., *The Shadow of Ram Rajya over India*, New Delhi : Spark Publishers, 1980

Jha, S. C., *A History of Indian Economic Thought*, Calcutta : Firma KLM Private Ltd., 1981

Karashima, N., *South Indian History and Society*, New Delhi : Oxford University Press, 1984

Sankrityayan, K.(ed.), *Selected Essays of Rahul Sankrityayan*, New Delhi : People's Publishing House, 1984

Watson, F., *A Concise History of India*, London : Thames and Hudson, 1987

Rothermund, D., *An Economic History of India*, London : Routledge, 2nd ed., 1993 (1988)

Robinson, F. (ed.), *The Cambridge Encyclopedia of India, Pakistan, Bangladesh, Sri Lanka, Nepal, Bhutan and the Maldives*, Cambridge : Cambridge University Press, 1989

Hardiman, D. (ed.), *Peasant Resistance in India 1858-1814*, New Delhi : Oxford University Press, 1992

Jha, D. N., *Economy and Society in Early India : Issues and Paradigms*, New Delhi : Munshiram Manoharlal Publishers, 1993

Vaudeville, C., *A Weaver Named Kabir*, New Delhi : Oxford University Press, 1993

Habib, I., *Essays in Indian History : Towards a Marxist Perception*, New Delhi : Tulika, 1995

Adams, J. & Whitehead, P., *The Dynasty : The Nehru—Gandhi Story*, London : Penguin Book Ltd, 1997

古代インド

岩波講座『世界歴史』3（古代3、南アジア世界の形成）一九七〇年

山崎元一『古代インドの文明と社会』「世界の歴史」3、中央公論社、一九九七年

D・D・コーサンビー『インド古代史』山崎利男訳、岩波書店、一九六六年

カウティリヤ『実利論』上下、上村勝彦訳、岩波文庫、一九八四年

『バガヴァッド・ギーター』上村勝彦訳、岩波文庫、一九九二年

『マヌ法典』渡瀬信之訳、中公文庫、一九九二年
R・S・シャルマ『古代インドの歴史』山崎利男・山崎元一訳、山川出版社、一九八五年

中世インド

岩波講座『世界歴史』13（中世7、南アジア世界の展開）一九七一年
荒　松雄『中世インドの権力と宗教―ムスリム遺蹟は物語る―』岩波書店、一九八九年
同　『多重都市デリー』中公新書、一九九三年
同　『インド‐イスラム遺蹟研究』未来社、一九九七年
重松伸司『マドラス物語―海道のインド文化誌―』中公新書、一九九三年

近代インド（植民地期）

小谷汪之『マルクスとアジア』青木書店、一九七九年
同　『不可触民とカースト制度の歴史』明石書店、一九九六年
内藤雅雄『ガンディーをめぐる青年群像』三省堂、一九八七年
浅田　実『東インド会社』講談社現代新書、一九八九年
長崎暢子『インド大反乱』中公新書、一九八一年
J・P・ヘイスコックス『インドの共産主義と民族主義―M・N・ローイとコミンテルン―』中村平治・内藤雅雄訳、岩波書店、一九八六年

スミット・サルカール『新しいインド近代史—下からの歴史の試み—』Ⅰ・Ⅱ、長崎暢子他訳、研文出版、一九九三年（原著インド版、一九八三年）

現代インド（独立期）

中村平治編『インド現代史の展望』青木書店、一九七二年
中村平治『南アジア現代史Ⅰ』山川出版社、一九七七年
同　『現代インド政治史研究』東京大学出版会、一九八一年
同　「核批判もう一つの立場—インド—」（『信濃毎日新聞』一九九六年九月二六日）
加賀谷寛・浜口恒夫『南アジア現代史Ⅱ』山川出版社、一九七七年
孝忠延夫『インド憲法』関西大学出版部、一九九二年
稲　正樹『インド憲法の研究』信山社、一九九三年
木村雅昭『インド現代政治—その光と影—』世界思想社、一九九六年
鳥居千代香『インド女性学入門』新水社、一九九六年
岩崎育男編『アジアと民主主義—政治権力者の思想と行動—』アジア経済研究所、一九九七年
杉山圭以子「八〇年代インドにおける政治とセキュラリズム—シャー・バーノ訴訟と諸論争を中心に—」『国際関係学研究』（津田塾大学）二〇号、一九九三年
同　「首都デリーの政治過程と〝周縁化〟住民」（『思想』岩波書店、八五〇号）一九九五年四月号

著者紹介

一九三一年、長野県生まれ
一九五五年、東京外国語大学外国語学部第七部第一類（インド語・国際関係専攻）卒業
一九五七年、東京大学大学院社会科学研究科国際関係論課程（修士）終了
現在専修大学文学部教授・東京外国語大学名誉教授

専　攻
インド現代史

主要著書
ネルー―人と思想　インド現代史の展望〈編〉
南アジア現代史―インド　現代インド政治史
研究　インドの共産主義と民族主義―M・N・ローイとコミンテルン〈共訳〉

歴史文化ライブラリー
27

インド史への招待

一九九七年一二月一日第一刷発行

著者　中《なか》村《むら》平《へい》治《じ》

発行者　吉川圭三

発行所　株式会社　吉川弘文館
東京都文京区本郷七丁目二番八号
郵便番号一一三
電話〇三―三八一三―九一五一〈代表〉
振替口座〇〇一〇〇―五―二四四

印刷＝平文社　製本＝ナショナル製本
装幀＝山崎　登（日本デザインセンター）

歴史文化ライブラリー

1996.10

刊行のことば

現今の日本および国際社会は、さまざまな面で大変動の時代を迎えておりますが、近づきつつある二十一世紀は人類史の到達点として、物質的な繁栄のみならず文化や自然・社会環境を謳歌できる平和な社会でなければなりません。しかしながら高度成長・技術革新にともなう急激な変貌は「自己本位な刹那主義」の風潮を生みだし、先人が築いてきた歴史や文化に学ぶ余裕もなく、いまだ明るい人類の将来が展望できていないようにも見えます。このような状況を踏まえ、よりよい二十一世紀社会を築くために、人類誕生から現在に至る「人類の遺産・教訓」としてのあらゆる分野の歴史と文化を「歴史文化ライブラリー」として刊行することといたしました。

小社は、安政四年(一八五七)の創業以来、一貫して歴史学を中心とした専門出版社として書籍を刊行しつづけてまいりました。その経験を生かし、学問成果にもとづいた本叢書を刊行し社会的要請に応えて行きたいと考えております。

現代は、マスメディアが発達した高度情報化社会といわれますが、私どもはあくまでも活字を主体とした出版こそ、ものの本質を考える基礎と信じ、本叢書をとおして社会に訴えてまいりたいと思います。これから生まれでる一冊一冊が、それぞれの読者を知的冒険の旅へと誘い、希望に満ちた人類の未来を構築する糧となれば幸いです。

吉川弘文館

〈オンデマンド版〉
インド史への招待

On Demand
歴史文化ライブラリー
27

2017年（平成29）10月1日　発行

著　者　中《なか》村《むら》平《へい》治《じ》
発行者　吉川道郎
発行所　株式会社　吉川弘文館
〒113-0033　東京都文京区本郷7丁目2番8号
TEL　03-3813-9151〈代表〉
URL　http://www.yoshikawa-k.co.jp/
印刷・製本　大日本印刷株式会社
装　幀　清水良洋・宮崎萌美

中村平治（1931～）

ISBN978-4-642-75427-9